UNIVERSITÉ DE PARIS. — FACULTÉ DE DROIT

LA PROTECTION LÉGALE DES TRAVAILLEURS DE L'INDUSTRIE DU VÊTEMENT

PAR

Camille DOUBLOT

AVOCAT A LA COUR D'APPEL

THÈSE POUR LE DOCTORAT

Présentée et soutenue le 18 décembre 1899.

Président : M. RAOUL JAY, *professeur.*

Suffragants : MM. ALGLAVE, *professeur.*
DESCHAMPS, *professeur-adjoint.*

PARIS

LIBRAIRIE DE LA SOCIÉTÉ DU RECUEIL GÉNÉRAL DES LOIS ET DES ARRÊTS
ET DU JOURNAL DU PALAIS

Ancienne Maison L. LAROSE ET FORCEL

22, rue Soufflot, 22

L. LAROSE DIRECTEUR DE LA LIBRAIRIE

1899

THÈSE

POUR LE DOCTORAT

La Faculté n'entend donner aucune approbation ni improbation aux opinions émises dans les thèses ; ces opinions doivent être considérées comme propres à leurs auteurs.

UNIVERSITÉ DE PARIS. — FACULTÉ DE DROIT

LA PROTECTION LÉGALE
DES TRAVAILLEURS
DE
L'INDUSTRIE DU VÊTEMENT

PAR

Camille DOUBLOT
AVOCAT A LA COUR D'APPEL

THÈSE POUR LE DOCTORAT
Présentée et soutenue le 18 décembre 1899.

Président : M. Raoul JAY, *professeur*.

Suffragants : MM. { ALGLAVE, *professeur*.
DESCHAMPS, *professeur-adjoint*. }

PARIS
LIBRAIRIE DE LA SOCIÉTÉ DU RECUEIL GÉNÉRAL DES LOIS ET DES ARRÊTS
ET DU JOURNAL DU PALAIS
Ancienne Maison L. LAROSE ET FORCEL
22, rue Soufflot, 22
L. LAROSE Directeur de la Librairie
—
1899

LA PROTECTION LÉGALE

DES

Travailleurs de l'Industrie du Vêtement

INTRODUCTION

Que de polémiques soulevées en ce siècle par les tentatives de protection légale de la classe ouvrière ! Que de reproches amers, adressés à ces lois qui violaient le premier des trois grands principes de la Révolution : la Liberté ! Vous détruisez la liberté des contrats, disait-on au législateur de 1841, qui, cependant, d'une main bien timide, se contentait d'atténuer le martyre de milliers d'enfants. Est-ce que vraiment on pouvait parler de contrat librement débattu entre un bébé de six ans, ne demandant qu'à jouer, et le patron de la filature qui l'employait douze ou quinze heures par jour ?

Depuis, on a reconnu l'horreur de ces travaux pénibles imposés à des enfants, et les législateurs européens sont tous d'accord aujourd'hui sur le besoin de protection légale de l'enfance.

Mais, après l'enfant, il y a l'adolescent qui a besoin de protection, et, plus particulièrement, il y a la jeune fille et aussi la femme, quel que soit son âge. La véritable façon de protéger l'enfant, c'est de protéger la mère. Voilà ce que le législateur français n'a pas voulu comprendre pendant plus de cinquante ans. Et cependant quels fils peut-on attendre d'une génération de femmes exténuées de travail et de privations? Enfin, depuis 1892, nous l'avons cette loi sur le travail des femmes. Sept ans se sont écoulés depuis lors et nous avons pu juger les résultats obtenus. Sont-ils entièrement satisfaisants? Hélas non! Une branche de l'industrie mérite, à l'heure actuelle, d'attirer sur ce point notre attention. Nous voulons parler de l'Industrie du Vêtement. C'est une industrie féminine par excellence et c'est même celle où la femme sera le moins concurrencée par l'homme. Pour le vêtement féminin en particulier, et c'est de lui dont nous nous occuperons principalement, nous ne trouverons pour ainsi dire que des femmes occupées à la confection. Il nous sera facile de juger, d'après cette industrie, quels sont les résultats obtenus par la protection légale et ce sera là le but de notre étude.

Nous examinerons, tout d'abord, dans une première partie, les différentes catégories d'ateliers dans lesquels se fabrique le vêtement. Nous passerons ainsi en revue, depuis l'atelier du grand couturier de la rue de la Paix ou du tailleur pour dames du Bou-

levard, jusqu'à la mansarde de l'ouvrière à domicile, en recherchant, dans chaque milieu, quelles sont les conditions morales, pécuniaires et hygiéniques du métier.

Dans une seconde partie, nous rechercherons quelles sont, en France, les prescriptions légales qui protègent l'ouvrière du vêtement.

Dans une troisième partie, nous passerons en revue les législations étrangères qui s'occupent de cette question et nous verrons s'il n'y aurait pas là, pour le législateur français, des prescriptions dont il devrait s'inspirer.

Ensuite, dans une quatrième partie, nous examinerons les efforts tentés par l'initiative privée pour venir en aide aux travailleurs de l'industrie qui nous occupe.

Enfin, après avoir entendu, d'un côté, les revendications des patrons et, de l'autre, celles des ouvriers, nous essaierons de conclure en conciliant les exigences de la mode et celles du bien-être physique et moral de la classe ouvrière.

PREMIÈRE PARTIE

LE VÊTEMENT DE FEMME

Les premiers renseignements sur les couturières de Paris se trouvent dans le livre de la « taille », ce Bottin embryonnaire de la cité romano-gothique, comme l'appelle M. Levasnier dans son opuscule sur le syndicat de l'aiguille (1). Nous trouvons alors à Paris 46 couturières, réparties dans les différents quartiers, sans qu'il y ait vestige de groupement. Le livre des métiers, tout en mentionnant plusieurs professions féminines qui se rattachent à celle des couturières, ne signale pas d'enregistrement de leurs statuts. Nous pensons que les couturières pouvaient alors se procurer suffisamment de travail sans être forcées de recourir à des intermédiaires ou à la réunion dans un but de défense d'intérêts communs. Cette insouciance et cette absence de communauté

(1) Levasnier. — Papiers de famille professionnelle.

furent la cause de la concurrence des tailleurs qui accaparèrent leur rôle pendant une longue période.

Le métier de l'aiguille, suivant l'expression alors consacrée, fournit quatre catégories :

Couturières en habits et vêtements divers pour femmes ;

Couturières en corps d'enfants ;

Couturières en linge ;

Couturières en garnitures et ornementations.

Lorsqu'au XVIIe siècle, les couturières en habits de femme voulurent entrer en lutte contre les tailleurs pour dames qui leur faisaient concurrence, il y avait 1500 maîtresses couturières, employant environ 4000 ouvrières ou apprenties. Une requête fut adressée à Louis XIV demandant, tout à la fois, l'institution d'une communauté de couturières en tous ouvrages pour femmes et enfants et l'interdiction de ce métier aux tailleurs. En 1675, un édit fut rendu, motivé en ces termes : « Il est principalement séant et convenable à la pudeur et à la modestie des femmes de ne se faire habiller que par des personnes de leur sexe. » C'est pourquoi les couturières de Paris sont érigées en communauté « avec tous privilèges requis pour la conservation et la prospérité du métier. » La communauté fut placée sous le patronage de Saint-Louis. Les couturières obtiennent, à l'exclusion de tous les tailleurs, le droit de « façonner, vendre et faire vendre, robes, parures, robes de chambre, jupes, corps de jupes, camisoles et tous autres ouvrages et étoffes pour femmes et filles (1). » Les tailleurs ne conservent que le droit de fabriquer les corps ou corsets, à l'exclusion des couturières. Les tailleurs pour dames, réfractaires aux arrêts de Louis XIV, en appellent devant le Parlement qui, neuf ans après, les déboute absolument de leur demande et les condamne aux dépens. Supprimée quelques mois, en 1776, la communauté est rétablie, et, comme l'édit prescrivait la rédaction de nouveaux statuts, un statut en 19 articles fut publié en 1780.

Nous ne rentrerons pas dans l'examen complet de ces statuts et nous nous bornerons à un aperçu sommaire.

L'article Ier du statut stipule que les « couturières » et les « découpeuses » seront solidaires pour tout ce qui concerne le métier.

L'article V, que nous reproduisons intégralement, dit que « les maîtresses de la communauté sont tenues d'exercer le métier selon les règles de leur art. Elles seront garantes et responsables, envers les particuliers, des malfaçons dans les ouvrages à elles commandés, ainsi que des infidélités qui pourraient se commettre dans l'exercice de leur commerce ».

Cette parfaite loyauté professionnelle est assez rare pour mériter une mention particulière.

(1) LEVASNIER, page 4.

Une autre disposition remontant à la fondation de la corporation, c'est l'arbitrage professionnel. Le statut de 1780 y ajoute encore certaines conditions destinées à lui donner plus d'importance et d'efficacité. Nous trouvons dans ce statut ce que la législation moderne nous a fait attendre jusqu'en 1874 : l'inspection des ateliers. Elle est régulièrement obligatoire pour des visiteuses élues par l'assemblée générale de mesdames les députées de la communauté.

L'inspection est payée et les contrevenantes doivent être, à la requête des visiteuses, appelées devant les jurées de la communauté et, le cas échéant, assignées à la salle de police.

La communauté des couturières de Paris est alors dans une situation très brillante. En effet, après la suppression momentanée de 1776, la nouvelle communauté ne comprend plus que 600 maîtresses couturières, employant 1500 ouvrières. Le travail des ouvrières est alors modéré ; il ne dépasse pas 10 à 11 heures par jour. Les exigences de la concurrence et de la mode ne viennent pas, comme de nos jours, forcer les patrons à faire veiller à une époque de l'année et à ne pouvoir donner d'ouvrage à une autre. L'ouvrière fait alors partie de la maison de la couturière maîtresse, elle est comme une pensionnaire qui mange et loge dans la maison. Pendant toute la durée de son apprentissage et souvent même jusqu'à ce qu'elle entre comme maîtresse dans la communauté, l'ouvrière reste dans le même atelier. Il n'y a donc pas, comme de nos jours, de patrons qui connaissent à peine leurs ouvrières.

Avec la Révolution, arriva la suppression des corporations, et, malgré ses protestations, la communauté des couturières de Paris eut le sort commun. On liquida les biens meubles et immeubles de la société qui, pendant un siècle, avaient servi à venir en aide aux membres de la communauté se trouvant dans la gêne. Le remboursement décrété pour les maîtrises n'aboutit pas ; il fut confondu dans la banqueroute générale.

L'anéantissement de la grande famille professionnelle, si tutélaire pour ses 1 500 ouvrières, les exposait aux plus tristes événements. L'année 1793 précipitait le dépeuplement du Paris opulent. Les couturières en renom perdaient leur meilleure clientèle. Les ateliers héréditaires les plus connus se fermèrent faute d'ouvrage.

Avec l'Empire, nous voyons apparaître une étiquette sévère qui règle avec minutie les atours des femmes. Nous n'avons pas, alors, ce que nous appelons aujourd'hui la Mode. Il y a une grande stabilité dans le costume. Les procédés de fabrication sont, à cette époque, longs et dispendieux ; les broderies et les dentelles forment le fond de l'habillement féminin, de sorte qu'une toilette doit être commandée de longs mois à l'avance.

Dans quel état se trouvait alors, à Paris, l'industrie du vêtement féminin ? Nous trouvons la réponse dans le livre de M. G. Worth, sur la couture et la confection des vêtements de femme (1). Elle n'existait, à vrai dire, pas. L'habitude était, à cette époque, d'apporter à une ouvrière l'étoffe nécessaire pour fabriquer un manteau, qu'une vieille robe servait à doubler : c'est ce qu'on appelait la confection. Les résultats pécuniaires étaient si minimes, que les maisons ou bien les ouvrières isolées qui exécutaient ces travaux, y trouvaient à peine de quoi suffire à leur existence.

En ce qui concerne la couture, la situation n'était pas plus brillante.

De 1789 à la moitié du siècle actuel, les couturières n'usèrent pas des avantages conférés à leur industrie par la suppression des maîtrises. Quoique pouvant, dès lors, fournir les étoffes à leur gré, elles préférèrent travailler à façon. Des maisons spéciales, telles que Gagelin, fournissaient aux clientes les quantités de tissu suffisantes pour faire établir l'unique modèle alors en vogue. Les modèles d'étoffes étaient très restreints et l'on ne soupçonnait pas qu'on pût ajouter à ces robes les garnitures auxquelles nous sommes habitués aujourd'hui. Les cou-

(1) Gaston Worth. — *La couture et la confection des vêtements de femme*, Chaix, 1895.

turières en chambre se préoccupaient simplement de faire une robe d'après une gravure de mode quelconque. Dans ces conditions, la coupe était aussi peu variée qu'elle était peu soignée et peu élégante.

En présence de la compétition des ouvrières pour obtenir du travail à façon, les prix baissaient forcément; le marchandage passait à l'état d'habitude. Les couturières, n'ayant pas d'idées de modèles nouveaux qui eussent pu attirer la clientèle, voyaient leur salaire diminuer de jour en jour. Dans ces conditions, le travail isolé devenait courant. C'est à peine si les ouvrières, sur leur mince profit, pouvaient prélever le salaire, pourtant bien faible, d'une ou deux apprenties.

C'est à une femme, Mme Roger, que l'on doit l'idée de fournir elle-même l'étoffe des robes qu'elle confectionnait et de la vendre à ses clientes en ajoutant, au prix de ce tissu, celui de la façon, réalisant ainsi un double bénéfice.

Enfin c'est à M. G. Worth que nous devons, à proprement parler, la création de l'industrie de la couture et de la confection du vêtement de femme. Le premier, il tenta de réaliser le triple bénéfice résultant de l'achat direct de l'étoffe en fabrique, de la vente de l'étoffe et de la confection de l'objet. Rompant avec les modes jusqu'alors observées, il varie la forme des vêtements suivant l'étoffe employée; il commande à la fabrique lyonnaise des tissus plus en rapport avec les modèles nouveaux. Le premier également, il crée ces garnitures nouvelles : volants découpés et à dents, plissés, ruchés, roulottés, etc. De plus, la passementerie qui débutait alors, guidée par lui, vient à son aide. Les premiers résultats obtenus l'encouragèrent à créer, pour chaque saison, des modèles en soie, velours, gaze, lainage, ornés de garnitures et qui, par la suite, devinrent de plus en plus variés (1).

Comme en toutes choses cependant, le progrès fut long à se produire. L'exposition de 1851 permit à la nouvelle maison de faire connaître ses produits. Les modèles furent vivement critiqués, mais le public anglais éprouva le désir de s'en procurer de semblables. Les maisons de Londres durent importer quelques confections de Paris.

A la fin de 1852, grâce aux fêtes données pour le rétablissement de l'Empire, l'industrie naissante reçut un nouvel essor. Peu à peu, il fut admis qu'il fallait imiter les Parisiennes pour avoir droit à quelque réputation d'élégance.

La maison Worth ne fut pas longtemps sans avoir des imitateurs ; l'industrie de la couture était créée. Paris devint progressivement l'unique fournisseur du monde entier pour la toilette féminine et les accessoires qui l'accompagnent.

(1) C. Worth, déjà cité.

Maintenant que nous avons vu comment cette industrie s'est formée, nous allons passer à l'étude des ateliers de couture en nous attachant spécialement à montrer la condition des ouvrières dans ces différents ateliers.

Ire Section. — Les ateliers de couture sur mesure

§ I. — *Grande couture.*

Pour que la mode se produise, il est de toute nécessité qu'elle soit un luxe. Si, dans ses premières manifestations, elle ne constituait pas un luxe, ceux-là seuls qui ont la possibilité de se l'offrir ne l'adopteraient pas. L'unique raison qui fera adopter une mode nouvelle par une femme, réside dans la certitude qu'elle a de se distinguer de la foule et par conséquent d'être remarquée. Quand le prix devient abordable pour toutes les bourses, il faut absolument que le grand couturier trouve un modèle nouveau. Comment la mode est-elle créée, comment surtout est-elle imposée, voilà ce qu'il est difficile de préciser. Le hasard joue souvent un grand rôle dans la production de la mode. M. G. Worth cite plusieurs exemples à l'appui de cette assertion. « Mlle Rachel, par charité, acheta une étoffe jaune à une femme ayant éprouvé des revers de fortune. Elle ne pensait pas pouvoir l'utiliser et l'avait laissée de côté; un jour, la retrouvant par hasard, elle songea à s'en servir pour un de ses rôles dans lequel elle ne voulait pas faire de grands frais. Le succès de la célèbre artiste s'étendit à la robe jaune elle-même et le lendemain toutes les femmes voulurent avoir une robe de cette couleur.

« Un autre exemple est celui d'une étrangère fort connue à Paris, qui, se trouvant dans cette ville la veille d'un grand prix, fut invitée à y assister. Elle n'avait pas de toilette et, le temps lui manquant pour s'en procurer une, elle fit arranger à peu de frais une vieille robe noire. Pour rehausser sa toilette, elle porta une ombrelle rouge, chose qu'on n'avait jamais vue auparavant. Le succès fut très grand et, bientôt après, on ne voyait plus que des ombrelles rouges.

Il ne faudrait pas croire cependant que le hasard est le souverain maître dans la création de la mode. Souvent un costume nouveau est créé par l'entente d'un dessinateur et d'un grand couturier. Le dessinateur, s'inspirant des tableaux anciens, reproduira les costumes des temps passés que le couturier, aidé de ses premières d'atelier, adaptera aux besoins de la mode nouvelle. Les modes dérivent toujours les unes des autres et ne diffèrent que par les combinaisons. Ce qui fait l'artiste, dans la couture, c'est justement la facilité de voir, d'un coup d'œil, quelle forme de robe s'harmonisera avec la conformation de sa cliente.

Que la mode nouvelle ait été trouvée de telle ou telle façon, il importe peu, il nous reste à voir comment elle va être consacrée, ou, pour employer le terme du métier, lancée.

Il faut une ratification des élégantes pour qu'une mode soit admise. Le lançage est fait le plus souvent à une première, pour la rentrée d'une grande artiste, mais ce n'est là qu'une tentative; la ratification se fera à un grand prix ou à un grand mariage. Ce jour-là, sur les marches de l'église ou bien à l'entrée du pesage, il y aura les premières de tous les ateliers de Paris. La critique portera sur les moindres détails et le lendemain, s'il y a succès, une presse spéciale consacrera la ravissante imagination du couturier qui se sera imposé.

Voici la mode créée, il nous reste à voir comment la toilette a été faite, par qui elle a été exécutée; nous arrivons donc à examiner ce qu'est un atelier de grande couture.

Entrons, pour nous en rendre compte, dans un des ateliers de la rue de la Paix, chez un couturier fameux. Dès l'entrée nous ne voyons que tentures et tapis, boiseries et dorures. Les étalages sont superbes, un luxe raffiné a présidé à l'installation.

Le personnel de cette maison, outre les chefs, comprend un certain nombre de vendeuses assistées de jeunes filles généralement très jolies et dont les formes doivent être parfaites au point de vue esthétique. La cliente qui arrive n'est souvent entrée que pour voir la forme nouvelle ; c'est alors que la vendeuse doit déployer toute sa diplomatie. Elle fait revêtir la jeune fille qui l'accompagne, désignée du nom classique de mannequin, de la toilette nouvellement créée, et, comme la toilette est gracieusement portée, la cliente conquise fait la commande. C'est alors que, sans en avoir l'air, la vendeuse, dans le tas de riches étoffes amoncelées, doit faire choisir à la cliente l'étoffe qui conviendra le mieux à sa conformation. En effet, certaines couleurs grossissent, tandis que certaines rayures amincissent la taille.

Le modèle et l'étoffe étant choisis, c'est alors qu'apparaît la grande première. Le rôle de la grande première est quasi-souverain ; elle décrète l'allure artistique du travail et en est responsable. Elle a pris les mesures et, d'un coup d'œil, a jugé les défauts de conformation que seule la couturière doit connaître pour y remédier. Le jour et l'heure de l'essayage sont fixés et presque toujours la cliente, qui n'était entrée que « pour voir » et qui par conséquent devait n'avoir besoin de rien, veut essayer de suite. Nous reviendrons sur les conséquences fâcheuses pour les ouvrières dont ces envies des clientes sont la cause et nous verrons que les veillées proviennent la plupart du temps de là. La cliente partie, le vêtement ou la robe est inscrit chez des manutentionnaires qui devront veiller à ce que la quantité des étoffes ou garnitures employées corresponde bien aux métrages nécessités par l'établissement du modèle type. Ces manutentionnaires font remettre à la première les tissus, fournitures et accessoires devant servir à la confection du vêtement contre un reçu dont le numéro est reporté sur un registre, avec l'emploi de tous les matériaux composant l'objet vendu. Si des suppléments d'étoffes ou de garnitures sont nécessaires au cours du travail, un nouveau reçu est donné, portant le même numéro, et ajouté sur le registre à la suite du premier. L'étoffe reçue, la première, aidée de la seconde, procède à la coupe. D'un côté les pièces du corsage, de l'autre celles de la jupe sont envoyées à des ateliers spéciaux (1). Sous la direction d'une première de partie, l'apprêteuse drape sur un mannequin de liège ou d'osier les différentes pièces du corsage. Elle a sous ses ordres une associée qui faufile ou épingle ; quand le corsage paraît tenir sur le mannequin, il est bâti, c'est-à-dire cousu provisoirement puis essayé. De l'habileté de l'apprêteuse dépend le nombre d'essayages et de retouches. Lorsque le corps du corsage, suffisamment

(1) Office du travail. L'Industrie du vêtement, 404.

bien apprêté, n'a plus qu'à recevoir la fixité nécessaire, l'apprêteuse le fait piquer par la mécanicienne. C'est après que les coutures sont faites à la machine que le corsage passe aux ateliers de garniture qui, sous la direction d'une première spéciale, comprend trois catégories d'ouvrières : les manchières ou manchotes qui, après avoir fait les manches, les posent sur le corsage, les petites mains, qui garnissent l'intérieur du corsage, posent les baleines et le ruban de taille, et enfin les garnisseuses dont le travail est très divisé, les unes posent les dentelles, les autres nouent les rubans, d'autres enfin font les boutonnières ou les bas de taille. La jupe se transforme de la même façon, quoique plus simplement, en passant par les jupières bonnes mains qui font le dessus de la jupe et les petites mains qui la doublent et font le dessous, puis par les garnisseuses qui procèdent comme pour le corsage. Il ne reste donc plus que l'essayage final par la grande première (1).

Nous avons vu plus haut comment un costume est fait, il nous faut voir maintenant le régime économique des ateliers de grande couture et les conditions du travail dans ces ateliers.

Dans les ateliers de grande couture, la question

(1) Certaines grandes maisons ont joint à leurs rayons de robes et manteaux des rayons de lingerie, modes et fourrures ; dans ce cas il y a des ateliers spéciaux pour chacun de ces rayons avec une première de partie spéciale.

industrielle passe avant la question commerciale. Les bénéfices sont considérables, cela est vrai, mais la partie artistique n'est jamais sacrifiée ; c'est pour cette raison que les grands couturiers sont unanimes à reconnaître qu'ils ont besoin d'avoir leur personnel sous la main pour surveiller la marche du travail et en modifier à leur gré l'exécution. L'atelier patronal constitue donc la règle du métier. Mais, par suite de causes très différentes, déplacements, température, deuils ou au contraire grandes cérémonies, la marche du travail dans l'atelier patronal est fort irrégulière. A des périodes de surmenage succèdent des périodes de chômage complet. Chaque atelier, par suite de sa clientèle spéciale, chôme plus ou moins, mais ce qui constitue généralement la règle dans la plupart des ateliers, c'est le temps de « presse » pendant les mois d'avril, mai et juin, pour la saison d'été, et d'octobre, novembre et décembre pour la saison d'hiver. Les mois de janvier et février et de juillet et août sont, au contraire, des mois de chômage. Les mois de mars et de septembre sont plus ou moins bons suivant la température.

Comme nous le faisions remarquer tout à l'heure, ces données sont absolument approximatives et varient suivant les ateliers ; ainsi, certaines maisons de couture, dont la clientèle se compose surtout d'étrangers de passage, ont pendant les mois de juillet, août et septembre, alors que les autres ateliers sont en chômage, une recrudescence d'affaires, par suite de l'arrivée à Paris de nombreux Anglais et Américains.

Etant admis que, d'après les périodes, la production sera fort irrégulière, nous devons nous demander comment vont se concilier le système de l'atelier patronal et ces crises de surproduction et de chômage. Nous allons voir immédiatement se former des distinctions dans le personnel de l'atelier. Au premier rang nous verrons tout d'abord ce que nous pourrons appeler l'Etat-Major de l'atelier; nous l'avons déjà trouvé lorsque nous nous occupions de la façon du costume; ce sont les vendeuses, la grande première et les premières d'atelier. Pour elles, pas de chômage, elles sont conservées l'année entière. Après elles, et restant également toute l'année, vient le noyau, qui se compose des secondes d'atelier et des plus anciennes ouvrières.

Le groupe qui vient après le noyau se compose des ouvrières qui sont depuis plusieurs années dans la maison; elles sont rappelées dès que s'annonce la reprise du travail.

Enfin, nous trouvons le personnel flottant, qui n'est appelé qu'aux périodes de grande presse.

La proportion de ces différents groupes varie suivant le genre d'affaires des ateliers. La nature de la clientèle, parisienne ou de passage, influe sur les « mises à pied » à l'époque des mortes saisons. Pour nous rendre compte du nombre de jours de travail des ouvrières des différents groupes que nous venons de décrire, nous emprunterons un passage à l'ouvrage très bien documenté de M. du Maroussem sur le vêtement à Paris (1). « Il s'agit de jours occupés, sans distinction des heures qui peuvent être variables. Ce nombre de jours mesure l'intensité du chômage de l'Industrie. Or, d'après le relevé de nombreuses monographies d'ateliers, l'examen des jours de travail de mille ouvrières différentes nous conduit à la triple distinction suivante :

1° Ouvrières du noyau, 260, 280, 300 jours au maximum. — En effet, la mise à pied d'été, les vacances, si l'on préfère, les dimanches et jours fériés invariablement respectés, ramènent à ces chiffres le nombre total de 365 jours.

2° Ouvrières de la catégorie intermédiaire. Ces ouvrières, congédiées pendant la morte saison, ne peuvent guère compter que sur 38 semaines de la demi-saison et de la saison véritable, soit au maximum 230 jours, en réalité de 200 à 230 jours.

3° Ouvrières supplémentaires. Les ouvrières supplémentaires doivent se restreindre à la saison proprement dite, ou 26 semaines, soit 160 jours. Il est bien entendu que ces 160 jours peuvent s'élever légèrement, comme aussi ils peuvent céder la place à

(1) *La Petite Industrie*, tome II, page 494.

un total plus humble, 60 jours, par exemple. C'est le régime des simples extras, réclamées au moment des coups de feu.

Ces chiffres ne peuvent rien présenter d'absolu, à cause de l'infinie diversité de la vie des ateliers, où les périodes de presse et de ralentissement ne coïncident pas, ce qui permet aux ouvrières, en passant d'une maison à l'autre, de raccourcir leur chômage. De plus, on doit supposer, en comparant les résultats précédents, que les ouvrières n'ont à subir aucune cause de chômage personnelle. Il s'agit ici de l'ouvrière ignorant d'un bout de l'année à l'autre la maladie et la fatigue, en réalité d'une abstraction. »

Les observations personnelles, que nous avons pu faire à ce sujet dans différents ateliers de grande couture, nous ont prouvé la justesse des observations faites par M. du Maroussem.

La moyenne que nous pouvons fixer pour les journées de travail dans chacun des ateliers d'une même maison, corsages, jupes, fantaisie ou déshabillé, jaquettes de dames, est la suivante :

De 300 à 305 journées de travail pour la première et la seconde de l'atelier, c'est-à-dire tous les jours de l'année sauf les dimanches et jours fériés. Nous verrons plus loin que parfois même ce chiffre est dépassé, contrairement aux prescriptions de la loi de 1892 sur le repos hebdomadaire et des jours fériés.

Si nous prenons pour exemple un atelier de corsages, nous trouvons deux des garnisseuses sur quatre qui fournissent 250 journées de travail et les deux autres 180 environ ; sur quinze corsagières, six sont occupées 250 jours, six le sont 180 et enfin trois n'ont que 90 jours de travail. La mécanicienne, enfin, comme les meilleures garnisseuses et corsagières, est occupée 250 jours par an.

Si nous examinons maintenant le nombre d'heures de travail fournies dans une journée, nous trouvons alors la plus grande diversité suivant l'époque à laquelle nous nous plaçons. Avant la loi de 1892, la journée légale était de douze heures, mais dans l'industrie du vêtement elle n'était, le plus souvent, que de dix heures ; c'était ce qu'on pouvait appeler la période calme. A côté de cela, nous trouvons des journées de douze heures et demie, treize heures, quatorze heures, quelquefois de quinze, dix-huit ou vingt heures, et même, comme M. de Mun l'a cité à la tribune de la Chambre, le 21 février 1891, une journée de vingt-huit heures consécutives.

Il est assez difficile d'obtenir des ouvrières des cahiers d'heures de travail exacts, remontant à dix ans de date, mais la plupart des ouvrières, déjà vieilles dans le métier, à qui nous avons soumis trois cahiers d'heures, publiés par l'Office du travail, comprenant les années 1888, 1889, 1890 et 1891, en ont reconnu l'exactitude dans leur ensemble. Nous allons reproduire l'un de ces cahiers où se trouve justement le chiffre énorme, cité par M. de Mun, de 28 heures consécutives de travail. Nous devons, auparavant, faire une remarque : Dans ces cahiers d'heures, nous avons presque toujours les heures exactes de travail, car il n'était pas alors nécessaire, avec la faculté pour les chefs d'ateliers de faire veiller aussi tard qu'ils voulaient, de donner aux ouvrières du travail supplémentaire qu'elles devront faire chez elles, le soir, après la journée finie.

Cette remarque faite, voici *in extenso* le tableau que nous venons d'indiquer (1).

Demi-année 1888-1889

Désignation des quinzaines	Nombre de jours	Nombre d'heures par jour
—	—	—
Du 18 février au 3 mars	13	8
»	1	10
Du 4 au 17 mars	3	0
»	1	8
»	8	10
»	1	12
»	1	13
Du 18 au 31 mars.	3	6 1/2
»	5	10
»	1	12
»	5	12 1/2
Du 1er au 14 avril.	2	0
»	12	10

(1) *La Petite Industrie*, 503.

Demi-année 1888-1889 (*suite*)

Désignation des quinzaines	Nombre de jours	Nombre d'heures par jour
—	—	—
Du 15 au 28 avril	3	0
»	1	10
»	10	12 1/2
Du 29 avril au 12 mai	1	0
»	3	10
»	4	12 1/2
»	5	13
»	1	18
Du 13 au 26 mai	2	0
»	2	10
»	1	11
»	2	12 1/2
»	6	13 1/2
»	1	20
Du 27 mai au 9 juin	3	0
»	2	12
»	6	12 1/2
»	1	13 1/2
»	1	16
»	1	24
Du 10 au 23 juin	3	0
»	1	11
»	1	11 1/2
»	1	12
»	8	12 1/2
Du 24 juin au 7 juillet	5	7 1/2
»	8	10
»	1	12
Du 8 au 21 juillet	5	7 1/2

Demi-année 1888-1889

Désignation des quinzaines	Nombre de jours	Nombre d'heures par jour
—	—	—
Du 8 au 21 juillet	1	8
»	1	8 1/2
»	6	10
Du 22 au 27 juillet	1	12
»	1	5
»	5	10

Vacances du 27 Juillet au 19 août

Année économique 1889-1890

Désignation des quinzaines	Nombre de jours	Nombre d'heures par jour
—	—	—
Du 19 août au 1er septembre	8	7 1/2
»	4	9 1/2
»	1	10
Du 2 au 15 septembre	1	0
»	2	9 1/2
»	10	10
»	1	12
Du 16 au 29 septembre	1	0
»	2	10
»	1	12
»	9	12 1/2
»	1	28
Du 30 septembre au 13 octobre.	2	0
»	3	10

Année économique 1889-1890 (*suite*)

Désignation des quinzaines	Nombre de jours	Nombre d'heures par jour
—	—	—
Du 30 septembre au 13 octobre	8	12 1/2
»	1	20
Du 14 au 27 octobre	6	0
»	2	10
»	6	12 1/2
Du 28 octobre au 10 novembre.	4	0
»	5	10
»	1	12
»	3	12 1/2
»	1	13
Du 11 au 24 novembre	3	0
»	7	10
»	3	12 1/2
»	1	13
Du 25 novembre au 8 décembre	1	0
»	11	10
»	1	12 1/2
»	1	20
Du 9 décembre au 22.	3	0
»	8	10
»	2	12 1/2
»	1	20
Du 23 décembre au 5 janvier	4	0
»	10	10
Du 6 au 19 janvier	5	7
»	1	7 1/2
»	7	10
»	1	12
Du 20 janvier au 2 février	13	7

Année économique 1889-1890 (*suite*)

Désignation des quinzaines	Nombre de jours	Nombre d'heures par jour
—	—	—
Du 20 janvier au 2 février	1	10
Du 3 au 16 février.	1	0
»	13	7
Du 17 février au 2 mars.	1	0
»	13	7
Du 3 au 16 mars	3	0
»	2	7
»	9	10
Du 17 au 30 mars.	11	10
»	3	12
Du 31 mars au 13 avril	3	0
»	4	10
»	7	12
Du 14 au 27 avril.	2	0
»	4	10
»	8	12
Du 28 avril au 11 mai	2	0
»	1	10
»	10	12
»	1	20
Du 12 au 25 mai	5	0
»	3	10
»	5	12
»	1	14
Du 26 mai au 8 juin	2	0
»	2	10
»	9	12
»	1	20
Du 9 au 22 juin	6	10

Année économique 1889-1890 (*suite*)

Désignation des quinzaines	Nombre de jours	Nombre d'heures par jour
Du 9 au 22 juin	7	12
»	1	20
Du 23 juin au 6 juillet	3	7
»	8	10
»	3	12
Du 7 au 20 juillet	3	0
»	8	10
»	2	12
»	1	13
Du 21 au 26 juillet	5	10
»	1	12

Vacances du 26 juillet au 18 août

Demi-année 1890-1891

Désignation des quinzaines	Nombre de jours	Nombre d'heures par jour
Du 18 au 31 août	10	7
»	2	8
»	1	9
»	1	10
Du 1er au 14 septembre	3	7
»	1	9
»	7	10
»	3	12
Du 15 au 28 septembre	2	0

Demi-année 1890-1891 (*suite*)

Désignation des quinzaines	Nombre de jours	Nombre d'heures par jour
—	—	—
Du 15 au 28 septembre	1	9
»	2	10
»	7	12
»	1	13
»	1	14
Du 29 septembre au 12 octobre	6	10
»	5	12
»	1	13
»	1	14
»	1	16
Du 13 au 26 octobre.	7	10
»	6	12
»	1	13
Du 27 octobre au 9 novembre	3	0
»	7	10
»	4	12
Du 10 au 23 novembre	9	10
»	5	12
Du 24 novembre au 7 décembre	11	10
»	2	12
»	1	13
Du 8 au 21 décembre.	8	10
»	6	12
Du 22 décembre au 4 janvier	4	0
»	9	10
»	1	12
Du 5 au 18 janvier	2	0
»	12	10

Ces chiffres se passent de commentaires ; il est évident qu'un travail prolongé pendant 15, 18, 20 et 28 heures ne peut être que fort préjudiciable pour l'ouvrière. Les travaux d'aiguille qui durent une heure ou deux sont une distraction ; lorsqu'ils durent dix heures, dans une journée, ils deviennent pénibles; prolongés plus longtemps, ils deviennent dangereux. Le travail de couture exige en effet une attention particulière. L'ouvrière est continuellement courbée sur son ouvrage, la poitrine contractée et dans la position la plus contraire au libre jeu de la respiration. Si l'ouvrière était au grand air ou, tout au moins, dans une pièce assez vaste pour que la quantité d'air respirable fût maintenue en grande quantité, il n'y aurait que demi-mal, mais souvent c'est tout le contraire qui arrive. Ces superbes maisons de vente que nous avons vues tout à l'heure, où tout respire le luxe, où nous ne trouvons que tapis et dorures, cachent souvent des ateliers de bien triste apparence. Le loyer d'un étage entier ou même de plusieurs, dans le quartier de l'Opéra, est trop considérable pour qu'il en soit autrement. Les salons de vente occupent toute la façade, les ateliers sont donc forcément établis dans les pièces donnant sur la cour.

Les cours sont souvent grillées et même, quand elles ne le sont pas, elles ne permettent que rarement de pouvoir travailler sans lumière. Comme le nombre d'ouvrières employées dans une même maison atteint parfois le chiffre fort élevé de plusieurs centaines, les ouvrières sont entassées dans des pièces exiguës. La portion déjà fort restreinte d'air respirable est encore diminuée par les émanations du gaz servant à l'éclairage, de sorte qu'il ne faut nullement être étonné du grand nombre d'ouvrières en atelier atteintes d'affections de poitrine ou d'anémie. Une ouvrière, entrée forte et bien portante dans un de ces ateliers, ne résiste pas toujours à son insalubrité, que deviendront celles, malheureusement trop nombreuses, à qui leurs parents ont légué des germes de ces maladies.

Une autre question, fort intéressante au point de vue de l'hygiène des ouvrières, c'est celle des repas. Le premier repas, le petit déjeuner, l'ouvrière le prend chez elle, avant de venir à l'atelier. Elle arrive le plus souvent vers neuf heures du matin à son travail et n'en repartira que vers sept heures ou sept heures et demie du soir. Comme le plus souvent elle habite fort loin de l'atelier, à cause de la cherté des loyers, elle devra déjeuner, soit à l'atelier, soit dans un restaurant voisin. Celles qui déjeunent à l'atelier apportent avec elles leurs provisions.

Une salle spéciale est généralement affectée aux repas, mais, pour les mêmes raisons que celles indiquées en parlant de l'exiguité des ateliers, cette salle à manger est presque toujours insuffisante, de là, l'emploi des séries. L'atelier des corsages déjeunera de onze heures à onze heures et demie, celui des jupes, de onze heures et demie à midi, et celui des garnitures, de midi à midi et demi. Comme, dans presque toutes les maisons, une heure est accordée pour déjeuner, il restera aux ouvrières une demi-heure pour se promener après leur repas. La salle à manger, malgré l'emploi des séries, est souvent insuffisante pour permettre à toutes les ouvrières d'être assises; les plus anciennes dans la maison ont leurs places retenues et, quand elles s'absentent, les compétitions sont nombreuses de la part des nouvelles venues qui, sans cela, sont forcées de manger debout.

Souvent, c'est dans le sous-sol que se trouve la salle à manger, de sorte que, quand la première série arrive, sortant d'un atelier surchauffé, la différence de température est telle que toutes les ouvrières sont transies par le froid. Il n'y a pas, dans toutes les maisons, de fourneaux à gaz permettant de faire réchauffer les aliments; les ouvrières sont donc obligées d'apporter des lampes à alcool si elles ne veulent pas manger froid.

Si beaucoup d'ateliers de grande couture sont fort mal établis au point de vue de l'hygiène, tant des ateliers que des salles réservées aux repas, nous devons reconnaître, et cela avec une grande joie, que certains ateliers sont totalement à l'opposé de ceux que nous venons de décrire. Nous avons visité des maisons de grands couturiers que nous serions heureux de citer comme modèles, si la modestie de leurs propriétaires ne nous l'avait défendu, où les conditions d'hygiène sont aussi satisfaisantes que possible. Les pièces réservées aux ateliers sont vastes, bien aérées; la lumière électrique a remplacé le gaz dont les émanations sont toujours nuisibles et, enfin, la salle à manger est particulièrement aménagée pour la commodité des ouvrières. Des fourneaux à gaz sont placés tout autour de la pièce, correspondant exactement au nombre de places des tables, de sorte que les ouvrières peuvent, non seulement faire réchauffer leurs aliments, mais même les faire cuire, ce qui permet à quelques-unes de préparer le dîner qu'elles mangeront le soir en rentrant chez elles.

Malheureusement le nombre des maisons ainsi aménagées est très restreint et beaucoup d'ouvrières préfèrent manger au restaurant. Le restaurant ou plutôt la gargote, comme l'appellent les ouvrières, voilà, avec la promiscuité de l'atelier, les deux grandes causes démoralisatrices que nous retrouverons dans notre étude des conditions morales du métier. L'ouvrière qui n'a qu'une heure pour son déjeuner, et quelquefois moins, ne peut choisir son restaurant; elle est forcée de déjeuner dans le quartier. Le restaurateur souvent peu scrupuleux en profite pour faire consommer à ses clientes des plats innommables. Malheur surtout aux ouvrières dont la série ne sortira pour déjeuner que vers midi et demi, elles ne trouveront plus au restaurant que des plats froids ou trop réchauffés ou bien encore trop chers pour leur maigre bourse.

L'ouvrière, en temps normal, sort de l'atelier vers sept heures et demie du soir et rentre dîner chez elle; mais il arrive souvent, en cas de presse, que l'ouvrière est obligée de veiller; dans ce cas, comment dîne-t-elle? Il n'y a malheureusement rien de changé depuis le 2 février 1891 où M. le comte Albert de Mun disait à la Chambre des députés :

« Vous savez que le travail de nuit, dans les ateliers de couture, à Paris et dans les grandes villes, c'est ce qu'on appelle la veillée, c'est-à-dire un travail qui commence après sept heures et demie du soir et se continue jusqu'à onze heures, minuit, une heure du matin.

« A sept heures, au moment où les ouvrières vont quitter l'atelier, on annonce qu'il y a veillée; on n'a pas été prévenu auparavant; très souvent, on a déjà le chapeau sur la tête. On a un quart d'heure pour prendre un petit repas, ce qu'on appelle le goûter, et pour le prendre à l'atelier !

« Une des ouvrières descend, va acheter du chocolat, du pain ou de la charcuterie, et hâtivement, quelquefois tout en travaillant, on mange ce goûter qu'on a payé de sa poche, puis on travaille jusqu'à onze heures, onze heures et demie, minuit. Alors il faut s'en aller... S'en aller, comment? Pour aller où? Les ouvrières demeurent à trois quarts d'heure, une heure de chemin, quelquefois plus... Il y en a qui préfèrent ne pas s'en aller du tout. Alors elles passent la nuit là. Y a-t-il des dortoirs, des matelas par terre? Non, elles sont libres de passer la nuit sur une chaise.

« Le lendemain, le travail recommence à la même heure. Quand on arrive en retard (on a cinq minutes de grâce, quelquefois un peu plus), la porte est fermée et la demi-journée est perdue jusqu'à midi... »

« Pour celles qui partent, comment s'en vont elles? L'omnibus ne passe plus : il faut prendre une voiture et la payer, car il est fort rare que la maison la paye. Quand on n'en trouve pas, il faut s'en aller à pied, faire une heure de chemin. Ce sont souvent des jeunes filles de dix-huit, dix-sept, de seize ans même.

« Savez-vous ce qu'elles nous ont dit?

« Nous ne pouvons pas invoquer la protection des « gardiens de la paix. Ils nous répondent que les filles « honnêtes ne courent pas la rue à cette heure-là. »

« Pendant qu'on travaille, il a fallu se soutenir un peu; on l'a fait avec du café noir, qui est sur la table, et dont on puise des cuillerées, afin de se maintenir éveillé. Quand on rentre à la maison, le feu n'est pas allumé, ou il est éteint; le dîner est froid;

la plupart du temps, il est arrivé ce que vous savez bien : la fatigue de l'estomac a fait passer l'appétit ; on aime mieux ne pas dîner.

« Et pendant ce temps-là, pour celles qui sont mariées, que fait le mari ? Il s'est lassé d'attendre, il est allé au cabaret ; il y reste un peu d'abord, davantage ensuite ; peu à peu, il en a pris l'habitude, il a déserté le foyer désert. »

Aujourd'hui, avec la veillée légale, nous retrouvons les mêmes inconvénients du goûter débilitant et de la rentrée tardive dans des quartiers excentriques. Certaine grande maison même, considérant que le goûter était contraire au bon ordre de la maison, l'a supprimé. Dans ces conditions, à moins de manger en cachette, l'ouvrière verra donc s'écouler 11 ou 12 heures entre son déjeuner et son dîner. Quel excellent régime pour favoriser la dyspepsie et toutes les maladies d'estomac !

Maintenant que nous avons vu les conditions d'hygiène du métier, passons aux conditions pécuniaires et arrivons au salaire.

Il est très difficile, pour ne pas dire impossible, de se procurer des renseignements exacts sur les salaires journaliers des ouvrières de la couture ; si nous nous adressons aux couturiers, la réponse sera unanime : tous seront d'avis qu'ils paient très cher. Si, au contraire, nous entendons les ouvrières, nous retrouvons les mêmes exagérations mais en sens inverse. La vérité est que les salaires sont très variables.

Nous avons trouvé, en étudiant la confection d'un costume, un nombre considérable d'ouvrières : vendeuse, première, première d'atelier, manutentionnaire, apprêteuse, mannequin, corsagière, associée, jupière, petite main, mécanicienne, manchote, garnisseuse. Autant de noms, autant de salaires différents. En outre, le salaire qui est variable suivant le grade qu'on a dans la maison, varie encore suivant le quartier, ou suivant la maison où l'on travaille.

Tout en haut de la hiérarchie des ouvrières, il faut placer ce que nous avons appelé l'Etat-Major de la couture : la grande première, madame ou mademoiselle suivant les maisons (1), les vendeuses et les manutentionnaires. Pour elles, il n'y a pas, à proprement parler, de salaires, ce sont plutôt des appointemements qu'elles touchent. Ces appointements, suivant les maisons, varient de 5000 à 30000 francs. Les qualités nécessaires pour faire une bonne première ou une bonne vendeuse sont tellement rares, que les grands couturiers ne reculent pas devant des prix très élevés pour s'assurer leur concours. Elles ont en plus de ces appointements élevés ce qu'on pourrait appeler un salaire en nature : le déjeuner et souvent même le dîner.

(1) *Petite Industrie*, 518.

Après ces quelques privilégiées, viennent les premières et les secondes d'atelier, dont les salaires varient de 7 à 12 francs. Assez souvent, elles sont aussi nourries.

Nous n'avons évidemment pas à nous occuper beaucoup du sort de ces ouvrières d'élite, leur salaire est plus que suffisant pour les faire vivre ; de plus, pour elles, il n'y a pas de chômage ni de morte saison et des traités spéciaux, passés avec les patrons, les mettent à l'abri des brusques renvois.

Ce qui nous intéressera plus, c'est le salaire de l'ouvrière ordinaire. Nous ne pouvons entrer dans le détail des différents salaires qui deviendrait fastidieux, aussi nous contenterons-nous de donner une moyenne, moyenne établie sur un très grand nombre de constatations, mais qui, par suite des différences que nous constations précédemment, de quartiers à quartiers et de maisons à maisons, restera forcément approximative.

La base de la rétribution est ici le temps employé et non le travail effectué. L'unité de temps est la journée. Dans les maisons de grande couture, un principe, généralement admis, est de n'employer que le moins possible d'apprenties et d'ouvrières âgées de moins de 18 ans, qui motivent les actes d'intervention les plus fréquents de la part des inspecteurs du travail. Nous nous trouvons donc dans les meilleures conditions pour obtenir le salaire maximum. Eh bien, ce salaire, quel est-il ? 3 francs par jour répondent les uns, 4 francs répondent les autres, 5 francs disent les plus optimistes. Prenons comme base du salaire journalier le chiffre de 4 francs par jour.

Nous pouvons facilement nous rendre compte de ce que sera le salaire annuel, en nous reportant à notre tableau des journées de travail.

Nous avons trouvé, pour les ouvrières du noyau, le chiffre de 260 à 280 journées de travail par an ; en nous basant sur le salaire de 4 francs, nous arriverons au total de 1040 ou 1120 francs. Pour les ouvrières de la catégorie intermédiaire, les chiffres de 200 à 230 journées de travail donnent le salaire annuel de 800 à 920 francs. Enfin, les ouvrières supplémentaires qui doivent se restreindre à la saison proprement dite, c'est-à-dire aux 160 jours de travail, ne recevront que 640 francs.

Ces chiffres, que nous venons d'indiquer, sont en réalité supérieurs au gain réel ; pour les obtenir, nous avons compté toutes les journées à l'unité normale de dix ou onze heures ; mais pendant de nombreuses journées de la demi-saison et de la morte saison, les journées sont souvent écourtées de moitié et même plus, et comme on paie à l'heure, le salaire est considérablement diminué. Inversement, les heures supplémentaires, les heures de veillée, sont payées en plus de la journée, mais, en aucun cas, elles ne peuvent compenser les heures diminuées pendant la mauvaise saison.

Comme la morte saison n'est pas la même dans tous les ateliers, et que, comme nous le verrons, elle diffère totalement entre les ateliers de mesure et ceux de confection, l'ouvrière, surtout l'ouvrière supplémentaire, peut se diriger vers d'autres ateliers, mais les recettes ainsi obtenues seront forcément très faibles.

Les recettes de l'ouvrière de grand atelier ne seront donc que de 640 à 1120 francs et nous avons vu que c'était, de toutes les ouvrières de l'aiguille, la plus favorisée ; il nous reste à voir quelles sont ses dépenses. M. d'Haussonville, dans son livre *Misères et remèdes*, estime que la vie, simplifiée autant que possible et réduite au strict nécessaire, ne peut pas coûter moins de 850 à 1200 francs par an, pour l'ouvrière parisienne. Il décompose ainsi son budget :

Logement, de	100 à 150 fr.
Nourriture, de	550 à 750 fr.
Vêtements, de	100 à 150 fr.
Dépenses diverses, chauffage, éclairage, blanchissage, menus-plaisirs, de. .	100 à 150 fr.
Total.	850 à 1200 fr.

Ce chiffre de 850 francs est, d'après lui, le minimum de ce qu'on puisse dépenser. Il faut donc pour vivre un salaire variant de 2,75 à 4 francs par jour : « Au-dessous de 2 fr. 75 c'est la misère noire, au-dessus de 4 francs, c'est la vie assurée, toujours, bien entendu, pour un individu isolé, car, lorsqu'il s'agit d'un ménage, la dépense doit être augmentée d'environ moitié, et ensuite d'un tiers par tête d'enfant.

Si ce chiffre était, véritablement, le minimum de ce qui est indispensable à l'existence, il n'y aurait plus qu'à s'incliner et à déclarer la vie impossible avec le salaire de beaucoup d'ouvrières ; aussi avons-nous voulu nous renseigner auprès d'un grand nombre d'intéressées avant de nous ranger à cet avis.

Voici parmi de nombreux témoignages, pour la plupart concordants, ce que quatre ouvrières d'ateliers différents nous ont rapporté :

Première ouvrière. Elle travaille dans une grande maison de la rue de la Paix et fait partie de ce qu'on est convenu d'appeler le noyau. Elle gagne 4 francs par jour ; elle est occupée 280 jours par an, mais, par suite de maladie, elle n'a fait que 260 journées, soit 1040 francs pour son année.

Voici maintenant le relevé de ses dépenses.

Soupe du matin.		0,10
Déjeuner au restaurant, par suite de l'installation défectueuse de la salle à manger réservée aux ouvrières		0,85
Pain	0,10	
Un verre de vin	0,15	
Une portion.	0,40	

Un fromage.	0,10	
Un café	0,10	
	0,85	
Dîner pris chez elle en moyenne		0,60
Total.		1,55

Nous aurons donc pour la nourriture un total annuel de	565,75
Loyer	180,00
Robes, vêtements.	100,00
Chapeaux	30,00
Linge, corsets.	95,00
Souliers.	24,00
Chauffage, éclairage.	24,00
Blanchissage	60,00
Menus frais, ombrelle, parapluie, gants, le *Petit Journal* du matin, les omnibus les jours de pluie, etc.	80,00
Soit au total	1158,75

Ce premier budget est donc en déficit de 118 fr. 75.

Comme nous faisions remarquer à cette ouvrière que les dépenses, énoncées pour son loyer et ses vêtements, étaient peut-être un peu élevées, voici ce qui nous fut répondu : « En effet, je loue une chambre 180 francs et c'est cher, mais j'habite dans le quartier ; j'aurais à Asnières une chambre pour 100 francs, mais j'aurais une heure de chemin à faire le matin et autant le soir ; or, comme dans la maison où je travaille, on veille très souvent, je ne veux pas risquer de m'en aller dans des quartiers où je serais insultée, si ce n'est pire. Maintenant, pour mes vêtements, cela me coûte beaucoup, mais l'ouvrière n'est reçue par les premières des grands ateliers que quand elle est bien vêtue. Si vous avez une robe qui fait des plis, ou un chapeau qui vous va mal, vous êtes de suite refusée. Il vaut mieux ne pas savoir travailler et ne pas être sérieuse, et être bien mise, que d'être bonne ouvrière et fagotée. » Et malheureusement, voilà la vérité, dans la plupart des cas. Les patrons ou les premières, qui ont en eux le goût inné de l'élégance, ne croiront que rarement à la capacité d'une ouvrière qui, pauvre et voulant rester honnête, dépensera le moins possible et sera, suivant l'expression de notre ouvrière, fagotée.

Nous avons pris comme premier exemple de budget d'ouvrière celui d'une ouvrière relativement aisée puisqu'elle a du travail assuré pour presque toute l'année ; passons maintenant à une moins favorisée, à une ouvrière supplémentaire qui n'a que 160 journées de travail par an. Elle travaille dans la rue du Quatre-Septembre et gagne 3 fr. 50 par jour. Elle a donc touché à son atelier 560 francs. Elle a pu trouver, en plus de cela, de l'ouvrage dans un autre atelier où la clientèle étrangère vient en juillet, 50 journées à 3 francs, ce qui fait 150 francs, et dans un atelier de confection 30 journées en février payées 90 francs, ce qui donne au total la somme de 800 fr. de recettes.

Passons à ses dépenses. Elles se décomposent ainsi.

Nourriture	520 fr.
Loyer	150 fr.
Vêtements (elle fait ses robes)	60 fr.
Chapeaux (garnis par elle)	15 fr.
Linge, corsets	60 fr.
Eclairage, chauffage	30 fr.
Souliers	15 fr.
Blanchissage	40 fr.
Faux-frais	60 fr.
Total	950 fr.

Soit un déficit de 150 francs ; et cependant, nous ne pouvons pas, comme pour l'ouvrière précédente, faire des observations sur les chiffres car ils nous paraissent considérablement réduits.

Jusqu'ici nous nous sommes occupés de deux ouvrières isolées n'ayant aucune charge de famille ; nous avons vu que leurs budgets étaient déjà en assez sensible déficit, que va donc être celui des deux ouvrières suivantes dont l'une a une mère infirme et une jeune sœur à sa charge et l'autre un bébé en bas âge.

La première est ouvrière intermédiaire dans une grande maison de la rue Saint-Honoré, elle a travaillé l'année dernière 220 jours ; elle gagnait 4 francs par jour, soit 880 francs par an. Elle a travaillé 40 jours dans un atelier de confection, soit, à 3 francs par jours, 120 francs. Le chiffre de ses recettes est donc de 1 000 francs pour l'année. Est-ce que cela suffira pour l'entretien de trois personnes? Evidemment non. Elle habite la banlieue car le loyer serait trop cher à Paris. Elle paye encore :

Cent cinquante francs par an.	150,00
L'abonnement ouvrier au chemin de fer . .	52,00
Sa nourriture du matin à 0,70	255,50
La nourriture de sa mère et de sa sœur et ses dîners	650,00
Vêtements pour trois personnes	120,00
Chapeaux	15,00
Linge	100,00
Eclairage, chauffage.	35,00
Souliers.	30,00
Blanchissage	60,00
Faux-frais, médicaments pour la mère. . .	33,50
Total	1500,00

Soit un déficit de 500 francs pour son budget de l'année.

La seconde gagne un peu plus; ses recettes montent à 1160 francs. Elle serait seule, cette somme lui suffirait pour vivre, mais les mois de nourrice du bébé coûtent cher; 420 francs par an, sans compter 80 francs pour la layette; elle sera encore en déficit de 300 francs sur son année.

Nous venons de passer en revue quatre budgets d'ouvrières et nous avons dû constater que toutes les quatre sont en déficit; cependant, les conditions dans lesquelles elles se trouvent, sont relativement favorables. En effet, les salaires moyens de 4 francs sont rares et quand nous étudierons la moyenne et surtout la petite industrie de la couture, nous trouverons des chiffres sensiblement moins élevés. C'est donc malgré nous, et forcés par les événements que nous arrivons à conclure comme M. le comte d'Haussonville : « Avec les salaires actuels, l'ouvrière isolée parvient difficilement à vivre ; lorsqu'elle est obligée de subvenir aux besoins d'une famille, elle ne gagne pas assez pour pouvoir le faire. »

Cette question du bas salaire de l'ouvrière, que certains appellent la moitié de la question sociale, est facile à comprendre. La femme est, pour ainsi dire, isolée dans son travail ; de plus, la quantité d'offres de travail est tellement considérable, qu'il n'est pas nécessaire, pour les patrons, de donner comme salaire le coût de la vie de l'ouvrière. En voici la raison : les familles d'ouvriers dans lesquelles le salaire du père suffit à l'entretien de la maison sont nombreuses à Paris. Les filles sont mises en apprentissage et, quand elles deviennent ouvrières, le salaire qu'elles touchent n'est qu'un salaire d'appoint, qui vient s'ajouter aux ressources déjà suffisantes de la famille. Elles restent ouvrières en attendant le mariage avec quelqu'employé ou bien encore le patronat dans un quartier ouvrier. L'habitude s'est ainsi faite de ne payer qu'un prix minime, censé suffisant, puisqu'il ne devrait être que transitoire et supplémentaire. Mais, à côté de ces ouvrières, il y a, et elles sont légions, les isolées, les abandonnées, les indépendantes ; toutes celles là, comment parviendront-elles à vivre? Elles auront deux alternatives : vivre de rien, ou bien se rappeler qu'elles sont femmes.

C'est ainsi que nous arrivons aux conditions morales du métier. La promiscuité de l'atelier et de la gargote, voilà les deux grandes causes démoralisatrices du métier, disions-nous plus haut ; nous allons en donner la preuve.

Nous avons étudié les salaires du métier et nous pouvons nous rendre compte de la véracité de cette idée répandue dans la classe populaire : « Une femme ne peut se tirer d'affaire sans un homme. »

Jules Simon, dans son livre sur « l'ouvrière », nous explique en quelques lignes ce qui se passe dans les ateliers : « De toutes jeunes filles sont entassées dans un atelier avec des femmes d'un certain âge, la plupart sans moralité. La jeune fille, qui n'a jamais entendu parler du devoir et qui est entourée de mauvais exemples, aussi bien à l'atelier que dans sa famille, est impitoyablement raillée jusqu'à ce qu'elle ait trouvé un amant comme les autres. Elle croit à peine mal faire, puisque toutes le font, et que souvent sa mère, loin de lui enseigner les lois de l'honnêteté, la pousse à prendre un amant pour en tirer quelque honteux profit. Sa faute est pour elle un sujet d'orgueil ».

L'orgueil, voilà en effet ce qui perd le plus souvent la jeune fille. Elle était honnête, laborieuse; elle a travaillé de toutes ses forces, plus qu'elle ne pouvait même ; combien de fois le soir a-t-elle trompé sa faim avec deux sous de « frites » ; toutes ces souffrances, elle les a supportées sans se plaindre. Ce à quoi elle ne résistera pas, c'est à la blague gouailleuse et mordante de ses compagnes d'atelier qui, chaque jour, à chaque heure, reviendront sur le même sujet, lui disant qu'elle est donc bien laide ou bien bête puisqu'elle ne peut trouver un amant. L'homme n'est pourtant pas difficile à trouver puisque, chaque jour, à sa sortie ou sur son chemin, elle le sent qui la suit. Les occasions de se rencontrer ne manquent pas non plus, sur le palier où ils demeurent tous les deux, lui, l'ouvrier, et elle, l'ouvrière, dans la rue où se trouve le magasin où l'on travaille, ou bien encore dans le restaurant où, toujours par orgueil, elle qui ne mangera rien le soir, aura suivi ses compagnes. Elle se représente la salle commune du restaurant d'en face comme un lieu de délices. Dès qu'elle aura devant elle quelques sous elle ira. Dès qu'elle y sera allée, elle ne pourra plus s'en passer, par vanité et par plaisir. Et pourtant, qu'est-ce donc que la gargote? Nous laissons répondre M. Benoîst qui nous en fait le triste tableau dans les *Ouvrières de l'ai-*

guille (1) : « J'ai voulu savoir ce que c'était que la gargote et si, moralement, l'on ne m'en avait pas dit trop de mal. Dans le Paris des élégances, à cent pas de la Madeleine, une boutique peinte en rouge vif. Une première salle où trône, devant le zinc luisant du comptoir, un gros homme à la voix enrouée et à la mine apoplectique; dans le fond, une deuxième salle, toute pleine d'un fracas de verres et de bouteilles. Il en sort une fumée âcre où le graillon se mêle à la pipe, une buée épaisse et bleuâtre qui, dès l'entrée, empuantit. Par l'étroit escalier en colimaçon, je suis monté à l'entresol, et je me suis assis à une petite table où plusieurs couverts étaient mis. Quelques minutes après que j'étais là, des ouvrières sont arrivées et, du même ton monotone et lassé, ont commandé leur semblant de déjeuner... Il y en a une, une apprentie, qui a fait changer son morceau de pain, parce qu'il coûtait trop cher : il était de deux sous. Mais si elles mangent ou si elles ne mangent pas, ce n'est rien ou c'est peu encore. Le pire poison, à la gargote, ne tombe pas dans l'estomac. Ici, en cet espèce de salon réservé, il n'y avait pas de maçons ou de charpentiers, comme en bas. Il n'y avait que des messieurs, quels messieurs ! J'étais un inconnu, un étranger, l'ennemi, — la police peut-être ! On m'a regardé, on s'est tu. Mais j'ai entendu dans ce si-

(1) *Les ouvrières de l'aiguille*, p. 123, Chailley, Paris.

lence et j'en sais trop, maintenant, sur la gargote ! » Un jour, qui ne tardera pas, elle y rencontrera un galant de sa classe, un ouvrier comme elle, bon garçon, prompt aux entreprises. Elle résistera de son mieux mais toutes sortes de raisons font que son mieux n'est pas le bien. Elle est pauvre d'abord et puis elle est coquette. Un atelier de couturière est en réalité un concours de coquetterie. En chiffonnant tous les jours la soie et la dentelle, comment peut-on faire pour ne pas avoir l'envie d'en porter soi-même. Et puis les tentations dans la rue sont si nombreuses. Dans le quartier il n'y a que des bijoutiers, des modistes et des marchands d'objets de luxe ; tout cela brille tant aux lumières, que bien des soupirs d'envie gonflent les poitrines des ouvrières, qui, le soir, quittent l'atelier. De plus, dans l'atelier même il y a des exemples : les mannequins. Le mannequin, c'est cette jeune fille d'une figure, sinon jolie, du moins toujours agréable et surtout d'une taille irréprochable qui est chargée d'essayer la toilette nouvelle devant la cliente. Elle gagne 150 francs par mois et dépense presque cela en linge et en corsets. Aussi, ne fait-elle que passer dans le métier, et, la plupart du temps, le quitte-t-elle pour un autre plus lucratif et moins fatigant. Souvent, elle devient à son tour la cliente de la maison et ses anciennes compagnes la voient revenir avec des bijoux et de riches toilettes ; la tentation est bien forte. Cependant, en général, le séducteur n'est pas « un de ces bourgeois libidineux », que les socialistes depuis Proud'hon aiment à représenter comme épris de tous les vices (1). Si la jeune fille est née de parents honnêtes et si surtout elle a reçu quelques principes religieux, elle tendra au mariage. Elle a l'esprit très éveillé et les ouvrières expertes de l'atelier se sont chargées de la déniaiser.

Il y a chez elle le gamin parisien, mais il y a aussi la femme, et les instincts de la nature parlent. Un cœur de seize ans est bien facile à enflammer et la pauvrette l'a donné à un commis de magasin galant qui déjeunait à côté d'elle. Elle répond mariage à ses propositions, mais il a une répugnance systématique contre l'enchaînement légal. Il a lu et il a entendu les orateurs partisans de l'union libre.

La bénédiction de l'Eglise, dira-t-il, mais ce sont de vieux errements, et, quant à l'écharpe du maire, il n'en est pas besoin pour s'aimer et pour être heureux. Elle résiste longtemps, mais un jour d'été où il y avait chômage à l'atelier, il l'a emmenée déjeuner à la campagne. Grisée de grand air, de soleil et de joie, elle a voulu savoir, elle a cédé. Elle a beaucoup pleuré, puis est rentrée avec lui et ne l'a plus quitté. « En fait, dit le Dr Bertillon, chef des travaux de la statistique municipale, il existe à Paris deux degrés

(1) Benoist. — 120.

d'association des sexes : celle qui est contractée régulièrement, sous l'œil de la loi, indissoluble dans notre pays et dans notre temps, et celle qu'on peut appeler association libre, sorte de concubinat régulier, qui s'est spontanément constituée pour échapper aux formalités, aux exigences et aussi aux conséquences de l'association légale ». M. Bertillon, l'élève au chiffre énorme de un sur dix. On trouverait encore dans le peuple un grand nombre de braves garçons disposés à se marier, mais ils ne le font pas parce que pour eux le mariage est un luxe. Luxe de temps, luxe d'argent peu à la portée de beaucoup d'ouvriers. Les formalités exigées pour se marier sont nombreuses. L'ouvrière souvent est mineure, il faudrait l'autorisation des parents et il est à remarquer que les ouvriers font de grandes différences entre métiers. Ils donneront difficilement leur autorisation. Ce sont là toutes sortes de raisons qui font diminuer le nombre des mariages. L'ouvrière croit qu'une fois rendue mère, elle obtiendra d'être épousée, mais souvent au premier enfant son amant la bat, au second il la quitte. Voilà donc, sans plus de ressources que lorsqu'elle était ouvrière isolée, une femme avec deux enfants à nourrir ; il faut du pain. Elle commencera par tomber en conservant une sorte de pudeur ; le chemin est bien court pour devenir une prostituée.

Ce tableau peut paraître bien sombre, bien poussé

au noir, mais, malheureusement, il n'est que juste. C'est en nous occupant des ateliers de grande couture que nous avons été amenés à reconnaître toutes les turpitudes qui attendent la femme isolée dans nos cités modernes, mais nous les retrouverons également dans la suite de notre étude. Quel que soit l'atelier, soit patronal, soit domestique, il faut bien se persuader, qu'à l'heure actuelle, avec nos mœurs et notre législation, il est impossible à l'ouvrière isolée de vivre honorablement.

Les exceptions sont ici beaucoup plus rares que partout ailleurs et, pour l'immense majorité, en dehors de celles qui consentent à vivre de rien, il y aura toujours, pour leur entretien, nécessité de se reposer de ce soin, sur leur famille ou sur un protecteur.

§ II. — *Moyenne couture.*

Entre la grande et la moyenne couture, les différences sont légères, mais cependant, en y regardant de près, nous apercevrons des nuances assez sensibles.

Tout d'abord, le mode d'organisation de l'entreprise diffère (1) ; nous avons vu que le grand coutu-

(1) Il est très rare de trouver dans la moyenne couture des rayons de lingerie, modes et fourrures joints aux rayons de robes et manteaux comme dans les grands ateliers.

rier était marchand d'étoffes et que, même, des modèles spéciaux de tissus étaient commandés par lui aux filateurs. Il n'en est pas ainsi pour la moyenne couture. Là, pas de grands approvisionnements d'étoffes, on vend seulement sur échantillons ; pas de créations spéciales de modèles; on se sert des modèles déjà lancés par le grand couturier.

Au point de vue de la caractéristique sociale du chef de l'entreprise, autre différence : nous n'avons plus le négociant figurant dans le haut commerce parisien, comme pour le couturier fameux, mais simplement une ouvrière, chef de métier. L'influence de l'homme ne se fait plus sentir dans la direction du métier; tout au plus, si la couturière est mariée, se manifeste-t-elle par une action sur la comptabilité.

La clientèle n'est plus la même, ce ne sera plus la clientèle aristocratique, artistique ou étrangère, mais la clientèle de la bonne bourgeoisie, qui paiera moins cher, mais plus sûrement. En effet, les prix sont diminués; une robe ne se vendra pas de 500 à à 1500 francs, mais de 200 à 600 francs. La différence sera la même pour les manteaux, jaquettes, jupes, jupons et autres accessoires de la toilette féminine.

Au point de vue qui nous intéresse plus spécialement, c'est-à-dire pour les conditions pécuniaires, hygiéniques et morales des ouvrières, nous trouverons moins de différences.

Les prix sont peut-être encore un peu moins élevés que dans la grande couture pour les salaires des ouvrières. Là, plus de gros appointements pour les premières et les vendeuses. La patronne est, le plus souvent, une ancienne première de grand atelier et c'est elle qui cumule les fonctions de première et de vendeuse ; il n'y a que des premières d'ateliers. Elles gagnent, suivant l'importance des maisons, de 2000 à 5000 francs. Les secondes ou, dans les maisons où elles n'existent pas, les meilleures apprêteuses, gagnent encore de 6 à 7 francs par jour. Quant aux ouvrières ordinaires, le chiffre de 4 francs, que nous indiquions comme moyenne des salaires dans la grande couture, est un peu trop élevé et doit être descendu à 3 fr. 50 ou 3 fr. 75 au maximum.

Nous avons vu que dans la grande couture on évite de prendre des apprenties qui, toujours mineures, motivent les actes d'intervention les plus fréquents de la part des inspecteurs ; il n'en est pas de même dans la moyenne couture.

L'apprentie, comme son nom l'indique, entre à l'atelier de couture pour apprendre le métier. Elle est fort maladroite au début et son salaire s'en ressent. Il varie, en effet, de 0 fr. 50 à 6 francs par semaine. Si toutes les patronnes étaient consciencieuses, la plupart des apprenties pourraient, en deux ou trois ans, devenir de bonnes ouvrières, mais souvent l'apprentissage dure beaucoup plus longtemps et voici pourquoi : Dans les maisons de grande couture, il y a toujours des hommes chargés de faire les courses et de porter l'ouvrage chez les clientes ; il n'en est pas de même, pour des raisons d'économie, dans presque toutes les maisons de moyenne couture. Le pire, c'est que, dans quelques maisons, certaines apprenties, toujours les mêmes naturellement, et qui auraient le plus besoin d'apprendre leur métier, sont exclusivement employées à faire les courses.

« Il m'est arrivé bien des fois, disait le Père du Lac dans une conférence faite à la salle Kriegelstein, le 11 septembre 1893, de recevoir la visite d'une pauvre mère m'amenant sa fille et me disant : « Je vous amène mon enfant. — Quel âge a-t-elle, Madame? — Quinze ans. — Qu'est-ce qu'elle a?... — Les pieds enflés. — Pourquoi donc? — Ah! parce qu'elle est coursière. — Mais vous ne la mettez donc pas apprentie ? — Ah ! si, mais c'est la même chose, elle vient de faire trois mois, six mois d'hôpital pour chevilles enflées. »

« Des journées passées tout entières en courses : le matin, vers onze heures et demie, à Neuilly ou à la Bastille, l'après-midi ailleurs, le soir, aux gares de Lyon ou d'Orléans et, quelquefois, pour le lendemain matin, d'autres courses encore, sous prétexte que c'est « tout près de son chemin », en venant de chez elle au travail. Pour nourriture, un petit pâté en marchant, un verre de vin sur le comptoir, et, au retour, un peu de charcuterie. Des courses et des courses, sous la pluie et le soleil ; des appointements dérisoires, une excessive dépense de vêtements. Et, de temps en temps, la maladie au bout.

« Naturellement, les maisons qui agissent ainsi changent souvent leurs victimes... Naturellement ! car j'ai entre les mains des lettres de pauvres mères qui écrivent et qui disent : « Voilà quatorze mois que « ma fille est chez vous, elle ne sait rien, elle n'a fait « que des courses et elle est malade. » Alors, on ne la garde pas. Mais comme cette jeune fille n'a pas appris à travailler, elle retombe dans le même genre d'emploi. »

Voilà le pire, c'est que la jeune fille n'a pas appris à travailler et, comme nous le disions il n'y a qu'un instant, ce sont toujours les mêmes sur qui tombent ces corvées. Il suffit, dans un atelier, qu'une apprentie soit un peu maladroite ou tout simplement que sa figure ou son caractère ne plaise pas à la première ou à la patronne pour que, de suite, elle passe au métier de coursière et, par cela même, soit dans l'impossibilité de devenir une bonne ouvrière. Il n'y a pas, du reste, que la patronne et la première qui commanderont des courses à cette malheureuse, elle deviendra l'esclave et la bête de somme sur le dos de laquelle se passeront les fantaisies de tout l'atelier. Et cela, pour un franc par semaine !

Nous avons vu que les salaires étaient un peu inférieurs, dans la moyenne couture, à ceux de la grande, il est donc bien inutile de dresser de nouveau des budgets d'ouvrières. Nous pouvons conclure, d'après ceux que nous avons dressés plus haut, que les salaires diminuant et les dépenses pouvant difficilement être restreintes, le déficit augmentera en raison de la différence des salaires.

Si nous passons maintenant aux conditions hygiéniques du métier, nous retrouvons, comme pour la grande couture, les mêmes défauts : exiguité des pièces servant d'ateliers et, par conséquent, manque d'air respirable ; atmosphère surchauffée par le gaz qui, à cause du peu de clarté, reste allumé presque toute la journée ; manque de confortable pour les repas souvent aggravé dans les ateliers de moyenne couture, en ce que, faute de place, les repas sont pris dans l'atelier même. Le déjeûner doit donc être forcément froid, il se compose, le plus souvent, de charcuterie, de salade, de fromage, de fruits, nourriture débilitante et dont l'odeur conservée dans l'atelier augmente encore l'insalubrité du local.

Quand nous nous occupions de l'hygiène des grands ateliers, nous donnions comme raisons du manque de place et d'air dans les pièces réservées aux ouvrières, la cherté des loyers ; pour la moyenne couture, la raison n'est pas tout à fait la même, mais la conséquence est identique : les loyers des ateliers ne sont pas très élevés, mais comme les bénéfices sont minimes, les patronnes reculent devant toute augmentation de frais généraux.

Dans la moyenne comme dans la grande couture, nous avons trouvé des ateliers réunissant tout à la fois l'hygiène et le confortable. Puisqu'il en est ainsi, c'est donc, à notre avis, que les raisons invoquées par la majorité des patronnes pour rester dans le *statu quo*, ne sont pas décisives.

Dans la moyenne couture, nous avons trouvé des salaires encore sensiblement moins élevés que dans la grande couture ; nous ne devons donc pas nous attendre à y trouver un degré de moralité plus relevée. La vérité est, qu'à ce point de vue, les deux sortes d'ateliers se valent. Ici comme là, les occasions et les tentations sont les mêmes. L'apprentie qui fréquente l'atelier est beaucoup plus vite initiée à la débauche qu'à son métier ; puis pour l'apprentie qui fait les courses, les dangers de la rue sont constants et on y résiste peut-être encore moins à seize qu'à vingt ans.

§ III. — *Petite couture.*

Entre la grande et la moyenne couture, nous avons vu que les différences, quoique sensibles, n'étaient que secondaires ; entre ces deux genres d'industries et la petite couture, les différences vont devenir capitales.

En premier lieu, l'organisation de l'entreprise n'est plus du tout la même ; au lieu de la vente à forfait, soit sur modèles avec assortiments d'étoffes, soit sur échantillons, nous trouvons le travail à façon ; c'est-à-dire que la petite couturière ne fournit pas à ses clientes une robe toute faite, mais se contente de faire les robes, la fourniture de l'étoffe restant à la charge de la cliente.

La raison de cette façon d'opérer réside le plus souvent dans la pauvreté de la petite couturière, qui n'aurait pas les moyens de risquer les frais d'achat de l'étoffe d'une robe, qui pourrait lui rester pour compte. Souvent les garnitures de la robe sont également fournies par la cliente, la couturière ne conserve alors que les fournitures, c'est-à-dire la doublure, les boutons, agrafes et menus accessoires de la toilette féminine. Quand elle fournit les garnitures, c'est pour elle une source de légers bénéfices, car les maisons de gros lui font une remise et souvent elle peut majorer un peu sa note sur le prix de détail. Là, elle ne risque plus, comme en fournissant l'étoffe, d'avoir un laissé pour compte, car la cliente ayant fourni l'étoffe prendra toujours la robe. Il est facile à comprendre que la petite couturière n'aura plus la même clientèle que le grand couturier ou que la moyenne couturière. Elle habillera, le plus souvent, la petite bourgeoisie de sa rue et même les femmes du peuple et les domestiques de son quartier. Le prix de façon sera forcément très peu élevé, et, vu le grand nombre de ces petites couturières, le travail sur lequel elles pourront compter sera très minime.

Dans ces conditions, il ne faut pas s'attendre à trouver des ateliers dans la petite couture ; la couturière qui peut suffire à tout l'ouvrage qui lui est confié ne prendra pas d'ouvrières. Tout au plus, chez quelques-unes, trouverons-nous une ou deux apprenties ; et encore, dans ce cas, la petite couturière, qui veut éviter la patente, n'est pas censée prendre une apprentie, mais bien une femme de ménage. Le sort de ces apprenties varie avec les maisons dans lesquelles elles se trouvent. La seule uniformité que nous puissions trouver est celle-ci : l'absence totale ou presque totale de salaire. Presque toujours elles sont des domestiques bien plus que des ouvrières. Ce sont elles qui vont chercher les provisions de la patronne et qui font toutes les courses, quelquefois même elles font le ménage et la cuisine, la patronne préférant coudre que de vaquer aux soins de son ménage. De l'âge d'admission de l'apprentie à ce pseudo-atelier, il ne peut même pas être question, car, comme il est facile de le faire rentrer dans les ateliers de famille, la petite couturière accepte les enfants de n'importe quel âge. Au point de vue de l'hygiène, il est encore impossible de déterminer une moyenne, cela dépendant entièrement de la chambre ou de l'appartement habité par la couturière qui sert à la fois d'atelier.

En général la petite couturière est une ancienne ouvrière de grande ou de moyenne couture qui, s'étant mariée ou ayant pris un amant, s'est établie à son compte pour avoir un intérieur. Ce qu'elle peut gagner vient donc en surplus du salaire de l'homme.

§ IV. — *L'ouvrière à la journée.*

Tout à côté de la petite couturière et ne différant d'elle que parce qu'elle se rend à domicile pour travailler, au lieu de travailler chez elle, nous trouvons l'ouvrière à la journée.

Dans les campagnes et les petites villes, elle cumule encore les fonctions de couturière et d'ouvrière pour vêtements d'hommes (1). Ce n'est que dans les circonstances graves de la vie et souvent même, seulement pour son mariage, que le paysan a recours au tailleur de la petite ville voisine. Le salaire, alors, est bien minime ; s'il n'est plus de six liards par jour, comme sous Louis XVI, il dépasse rarement 1 franc par jour. Comme, dans les villages, il n'y a souvent qu'une seule couturière à la journée et qu'elle ne

(1) BARBERET. — *Monographies d'ateliers.*

pourrait satisfaire toute sa clientèle, elle s'adjoint une ou deux apprenties, ses sœurs ou ses cousines, qui sont employées aux raccommodages. Leur salaire est d'environ la moitié de celui de la couturière.

A Paris, l'ouvrière à la journée est mieux payée, elle gagne en général 2 francs et, dans certains cas exceptionnels, jusqu'à 4 francs par jour. Cette moyenne de 2 francs n'est pas énorme, mais il y a, dans le métier, différents avantages. Le premier, et à notre avis le plus important, c'est l'absence de veillées. La couturière à la journée arrive chez sa cliente entre huit et neuf heures du matin et rentre chez elle vers neuf heures du soir. Le second avantage, c'est que la couturière est nourrie chez sa cliente ; souvent même elle vit à la table de famille et nous n'avons plus là de ces repas factices qui trompent la faim des ouvrières d'ateliers obligées de veiller.

Enfin si l'ouvrière est habile, il n'y a pas de morte saison pour elle. En effet beaucoup d'ouvrières à la journée sont occupées un jour chaque semaine dans la même maison.

Le soir en quittant la maison où elle a travaillé, elle emporte le gain de sa journée, et, si elle est mariée à un homme gagnant de son côté, son sort n'est pas méprisable.

Nous en avons ainsi fini avec l'étude du vêtement

féminin fait sur mesure ; nous avons vu combien la condition des ouvrières était précaire dans beaucoup de cas, mais cela n'est rien à côté de la condition des ouvrières du vêtement de confection que nous allons étudier maintenant.

IIe Section. — La confection

L'expression de « Confection » est l'antithèse absolue de la « Mesure ». Dans la mesure, nous avons vu que les costumes étaient spécialement faits et adaptés à la conformation des clientes ; dans la confection c'est tout le contraire ; on ne travaille plus pour une personne déterminée, mais pour l'ensemble des clientes. Chaque vêtement est fait en plusieurs tailles, et c'est dans ces différentes catégories qu'on doit trouver le vêtement approprié à la conformation de chaque cliente. Nous insistions, en nous occupant de la mesure sur l'individualisation extrême du costume féminin et sur la nécessité de la collaboration entre l'acheteur et la couturière ; comment allons-nous pouvoir supprimer cette règle en passant à la confection ? En changeant les genres de vêtements. La mesure conservera presqu'entièrement le monopole des costumes ajustés, corsages et jupes ; les grands magasins essaieront bien de concurrencer les couturières, mais alors ils rentreront dans la mesure; quant aux maisons de confection proprement dite, elles se consacreront exclusivement aux vêtements amples, comme les corsages-blouses, ou bien à tout ce qui recouvre le costume, manteaux, mantelets, pèlerines, jaquettes, etc., et qui n'ont pas besoin d'être ajustés comme le costume lui-même.

La démarcation entre les costumes fabriqués par les ateliers sur mesure et ceux des maisons de confection est tellement nette qu'on a l'habitude, dans les ateliers de grands couturiers, de désigner, du nom de confection, l'ensemble des manteaux et pèlerines, bien qu'ils soient exécutés sur mesures individuelles. La confection s'applique donc au vêtement et très rarement au costume. Quant aux caractères distinctifs des différentes maisons de confection, ils sont nombreux, mais nous pouvons, dès à présent, les subdiviser en deux grandes catégories : les maisons de gros et les maisons de détail.

§ I. — *Les Maisons de gros.*

Nous retrouvons, dans la confection, ce que nous avons déjà trouvé dans la mesure, la création du modèle comme caractéristique du grand atelier. Comme le grand couturier, la maison de confection en gros créera ses modèles. Il est évident que la manière de procéder différera sensiblement; il ne s'agira plus de créer la mode à venir, mais bien d'exploiter la mode existante. Découvrir une idée originale dans le ton général de la mode, voilà quel sera le but de la maison de confection, en évitant, autant que possible, les exagérations qui dateraient trop et constitueraient infailliblement des rossignols, terme consacré pour désigner les articles invendus. L'enquête de l'*Office du travail* (1), sur le vêtement à Paris, signale comme source d'inspirations très appréciées des maisons de confection, les indiscrétions du personnel des grands couturiers créateurs de modèles.

En général, l'entrepreneur et sa femme, généralement ancienne couturière, aidés des employées de la maison, anciennes entrepreneuses elles-mêmes, cherchent à imaginer des modèles, c'est-à-dire une création neuve et peu difficile comme travail. Immédiatement, on confectionne quelques échantillons présentés comme primeur, mais sans hâte de les répéter.

En même temps, les entrepreneurs extérieurs viennent apporter leurs combinaisons particulières, modèles en mousseline et modèles entièrement finis, qui complètent les types arrêtés par l'atelier patronal lui-même.

(1) Page 583.

Si l'on pense, par exemple, que le modèle en mousseline représente un genre approuvé dans l'une ou l'autre partie de la France, on le fait exécuter en étoffes. A cet effet, les étoffes qui peuvent convenir sont remises à l'entrepreneur créateur.

Les modèles finis sont simplement achetés, puis répétés par leur créateur deux ou trois fois (un exemplaire pour le magasin, un ou deux pour les placiers ou voyageurs).

Quant aux modèles imaginés à la maison — ce sont le plus souvent des résultats de comparaison entre les modèles des entrepreneurs et ceux des grands couturiers — on les répète à l'atelier patronal.

Après cette fabrication qui forme la tâche de janvier, la patronne et trois ou quatre voyageurs partent pour la province. Cette clientèle est plus avantageuse que la clientèle parisienne et étrangère, parce qu'elle se contente d'articles moins compliqués et exige des remises moins considérables sur le prix fort.

Les commissions sont prises par les voyageurs, mais elles ne seront livrables qu'à la fin du mois suivant : soit modèles, soit articles terminés.

Ce délai de livraison a pour but d'empêcher que l'article ne cesse d'être une nouveauté pour le débit provincial ; c'est la réserve du marché de Paris. De plus en plus, les modèles constituent le seul objet des transactions. Les confectionneurs de province ont recours à la main d'œuvre locale. Seuls les articles difficiles sont demandés à la fabrication de Paris. Au fur et à mesure de l'arrivée de ces commissions de province, le patron resté à Paris prépare le travail pour les entrepreneurs, augmente ou diminue les commandes de telle ou telle sorte de garniture, se fait livrer telle ou telle espèce d'étoffe.

Cependant, à Paris même, le patron reçoit les commissionnaires : il commence à sortir pour les entrepreneuses les modèles qui « donnent le mieux », c'est-à-dire les plus facilement vendus. D'ailleurs les commissionnaires exigent la livraison presqu'aussitôt après la commande.

En février, au retour de la province, les employés de la maison font la place de Paris ; ils visitent les grands magasins et offrent leurs articles aux chefs de rayons de la confection. Déjà des inductions tirées des achats des commissionnaires et de la vente en province ont permis de se rendre compte des étoffes qui « bouderont » et resteront « rossignols ». On les abandonne à meilleur marché aux grands magasins, c'est-à-dire que l'on consent à confectionner pour eux des jaquettes réclames avec les étoffes de cette catégorie. Les commandes des grands magasins s'arrêtent à l'exposition dite de confection (1). Il n'y a plus après que des réassortiments de peu d'impor-

(1) *La petite industrie*, p. 584.

tance. Dès février (au retour de la province) et même en janvier, pour les commissionnaires, commence la fabrication des articles confectionnés.

Dans la couture sur mesure, nous avons vu que la règle était de faire travailler l'ouvrière à l'atelier patronal ; les grands couturiers prétendent qu'il leur est nécessaire d'avoir toutes leurs ouvrières sous la main pour pouvoir surveiller leur travail et le modifier à leur gré pendant l'exécution. Pour la confection et surtout pour la confection « camelote » qui tend de plus en plus à augmenter, l'atelier patronal est réduit à sa plus simple expression, et presque tout le travail est fait au dehors.

L'atelier patronal ne comprend que le personnel strictement nécessaire à la confection des modèles. Tout le travail est donc exécuté au dehors dans des ateliers qui sont divisés en deux catégories : Les ateliers concentrés d'entrepreneurs et les ateliers dispersés. Ces deux sortes d'ateliers se subdivisent à leur tour en quatre catégories :

1° Les entrepreneurs à atelier aggloméré recevant les étoffes toutes coupées ;

2° Les entrepreneurs à atelier aggloméré recevant les étoffes en pièces.

3° Les entrepreneurs, distributeurs d'ouvrage ;

4° Les ouvrières en chambre travaillant pour un entrepreneur distributeur d'ouvrage.

L'atelier patronal comprend les ouvrières destinées à l'établissement des modèles, avons-nous dit plus haut : leur salaire restera fort analogue à celui des ouvrières de la moyenne couture. De plus, pour elles, il n'y aura pas de morte saison, leur salaire est assuré pendant 300 jours par an. En plus de ces ouvrières, l'atelier patronal comprend les coupeurs et surtout les machines à couper qui serviront à fournir aux entrepreneurs de la première catégorie les étoffes toutes coupées. Ces machines, dans les maisons de gros, sont des machines américaines qui, d'un seul coup, peuvent couper cinquante épaisseurs d'étoffes ; il n'y a, de coupées à la main, que les pièces trop petites ou trop compliquées.

Le patron de la maison de gros, pour simplifier ses écritures, ne veut livrer d'ouvrage qu'à un très petit nombre d'entrepreneurs. Les pièces à confectionner seront de deux sortes : celles qui rentrent dans l'article de luxe et celles qui rentrent dans l'article camelote.

Pour ces deux sortes d'articles il y aura des prix et des procédés de fabrication différente.

La confection pour dames, d'après les statistiques et les renseignements de la douane, est en grand progrès aujourd'hui à Paris ; il semblerait que la conclusion de cet état de choses fût une augmentation des profits pour les patrons et une augmentation de salaires pour les ouvriers. Quand on y regarde de plus près, on s'aperçoit qu'il n'en est pas ainsi. Cette industrie, si française et surtout si parisienne, du vêtement, a des débouchés extérieurs, mais cette zone de débouchés tend, de plus en plus, à être circonscrite par les peuples rivaux. L'encombrement même de la profession fait que ceux qui sont à la tête de cette grande industrie sont forcés de compter avec tous leurs concurrents, aussi bien petits que grands, et de restreindre leurs profits et, par conséquent, leurs dépenses. De jour en jour, l'étroitesse du domaine à exploiter force la diminution des prix ; nous arrivons ainsi à deux conséquences : diminution des salaires de main-d'œuvre et abaissement du prix de la matière première employée.

Les pièces à confectionner tendront donc, de plus en plus, à sortir de l'article luxe, pour rentrer dans l'article camelote.

Tous les articles de luxe seront confectionnés directement dans l'atelier de l'entrepreneur.

En effet, pour ces pièces, il est suffisamment payé par la maison de gros pour pouvoir prendre à sa charge les frais généraux de l'atelier : loyer, machines, éclairage, frais de livraison, cadeaux aux receveurs et receveuses des maisons de gros, salaires des ouvrières, etc. Il est difficile, dans ces conditions, d'indiquer le bénéfice de l'entrepreneur ; il dépend de bien des causes : plus ou moins de marchandage de la maison de gros, suivant que les commandes de province ont été bonnes ou mauvaises ; avantage plus ou moins grand dans la fabrication des pièces confiées, etc.

Quant aux ouvrières, leur sort est à peu près le même que dans les maisons de couture sur mesure ; nous ne nous étendrons donc pas sur ce sujet.

Nous arrivons maintenant à la confection de l'article camelote. Pour celui-là, il faut vendre bon marché ; aussi abaisse-t-on à son extrême limite le prix de l'étoffe employée et le salaire de confection. Les quelques entrepreneurs agréés par la maison de gros débattent avec elle le prix des pièces à confectionner, puis comme ces prix ne sont pas assez élevés pour faire les frais du travail à l'atelier, ils traitent avec des sous-entrepreneurs, qui ont parfois de petits ateliers ou qui s'adressent aux ouvriers en chambre ; parfois aussi les entrepreneurs s'adressent directement aux ouvriers en chambre. Nous arrivons ainsi au système que les Anglais et les Américains appellent le « sweating system ».

Qu'est-ce donc que le « sweating system » ?

Ce mot n'a pas d'équivalent en français ; le comité des manufactures de la Chambre des représentants nous donne la réponse d'un tailleur de New-York, interrogé sur ce qu'on entendait par là : « C'est un système d'après lequel le travail est donné à un entrepreneur ou marchandeur et par l'entrepreneur à l'ouvrier qui l'exécute ; le mot veut dire que l'entrepreneur fait suer quelqu'argent aux gens qu'il emploie. » La commission du travail en Angleterre a donné récemment une définition du « sweating system » : « Travailler de longues journées pour un faible salaire et souvent dans les plus dangereuses conditions d'insalubrité (1). »

Les entrepreneurs, étant beaucoup plus nombreux que les manufacturiers, se font une concurrence acharnée pour obtenir la commande d'une maison. Celui qui obtiendra la commande consentira forcément des rabais considérables. Il en fera subir de plus considérables encore à son sous-traitant qui, à son tour, pour obtenir son bénéfice comme l'avait fait l'entrepreneur principal, ne paiera plus à l'ouvrier qu'un salaire dérisoire, insuffisant pour lui assurer une existence convenable. On doit regarder comme « sweated » toute industrie où un ou plusieurs entrepreneurs sont placés entre le patron et l'ouvrier. C'est ce prélèvement qui est imposé à l'ouvrier par l'entrepreneur qui fait donner à ce dernier le sobriquet de « sweater », qui fait suer.

Le nombre des entrepreneurs successifs, qui avait donné lieu à de graves abus, a sensiblement diminué de nos jours. Il n'y a plus, en général, que deux intermédiaires et même souvent qu'un entre la maison de gros et l'ouvrière, mais est-ce que pour cela le salaire de l'ouvrière augmentera ? malheureusement,

(1) Levasseur. — *L'ouvrier américain.*

non. L'entrepreneur qui donnait, par exemple, 2 fr. 25 pour la façon d'un vêtement à son sous-traitant, qui, à son tour, payait 1 fr. 75 à l'ouvrière, a trouvé fort injuste ce prélèvement de 50 centimes fait par son sous-traitant, aussi a-t-il pris l'habitude de délivrer directement le travail aux ouvrières ; seulement, comme ces dernières se contentent du salaire de 1 fr. 75, il ne voit pas la nécessité de changer les prix et il empoche tout simplement la différence. Cela n'empêchera pas, du reste, l'entrepreneur de vous déclarer que le sous-entrepreneur était un exploiteur et qu'il l'a supprimé. Mais, malheureusement, l'observateur le plus superficiel peut voir que, s'il a supprimé le soi-disant exploiteur, il n'a pas supprimé ni même diminué le système d'exploitation. Du reste, l'entrepreneur tranquillise sa conscience en invoquant des raisons de plus grands frais d'écriture et de manutention, vu la diffusion plus grande du travail ; puis le travail extérieur ne l'intéresse pas, il s'occupe seulement de son atelier.

L'atelier de l'entrepreneur principal rentre bien un peu dans le « sweating system » puisqu'il faut qu'un bénéfice soit prélevé par l'entrepreneur, après le bénéfice déjà prélevé par la maison de gros ; mais là, comme nous l'avons vu, par suite du genre de travail, le sort des ouvrières reste le même que dans la couture sur mesure. Où nous allons trouver le « sweating system » avec ses abus, insalubrité des locaux, excès de travail, insuffisance des salaires, c'est dans les petits ateliers des sous-traitants et dans les ateliers domestiques. Ces ateliers, comme le dit M. Levasseur dans son livre sur l'ouvrier américain, échappent en général aux règlements de police sur les manufactures. Le patron occupe une pièce où sont les lits de la famille, la cuisine, la table à manger et le comptoir; les ouvrières, ouvriers et enfants, au nombre de quinze ou vingt, occupent l'autre où ils travaillent, mangent et couchent. Plus du quart probablement de la confection sort des petits ateliers qui sont situés presque partout dans les quartiers populeux et pauvres des cités, et qui, sauf de rares exceptions, sont mal aérés et très malpropres. Le dernier quart de la confection revient à des ouvriers et ouvrières travaillant dans leur logement, seuls ou en famille, souvent avec quelques pensionnaires. Leur travail, toujours aux pièces, est épuisant et leur salaire que la concurrence déprime est minime. Plus loin, M. Levasseur nous rapporte des tableaux navrants d'ateliers domestiques. C'est à New-York dans des maisons de chétive apparence ; des escaliers dont les marches de bois branlaient, des cabinets étroits et nauséabonds dans l'escalier, des chambres d'une médiocre grandeur où une vingtaine d'ouvriers travaillaient comme des forcenés, courant, plaçant les boutons, repassant, chacun suivant sa spécialité. Puis c'est à Boston, de pitoyables « tenement houses », maisons de petits logements, où s'entassent les misérables. On qualifie ces demeures de dens, tanières; entre autres locataires, une femme amaigrie et vieillie, plus par les privations que par l'âge; la pièce qu'elle occupait, mal éclairée, avec un vitrage donnant sur l'escalier, et une fenêtre donnant sur une ruelle étroite, n'avait pour meubles qu'un lit, une commode, un poêle de fonte sans feu et deux ou trois chaises de paille; le mari, poitrinaire et à bout de forces, était étendu sur une des chaises et la femme gagnait son pain et le sien en cousant des boutons.

Si nous passons en Europe, nous trouvons les mêmes détails; c'est Oda Olberg (1) qui nous décrit ainsi la chambre d'une ouvrière allemande : « Au fond d'un appartement reculé, une machine à coudre grince, du point du jour jusque bien avant dans la nuit. La fenêtre est large, mais elle ne s'ouvre pas à l'air; elle donne sur un palier intérieur et ne laisse entrer que les relents affadis de plusieurs ménages, avec la lumière rare des corridors. La chambre, dont le poêle montre qu'elle sert de cuisine, porte le cachet indélébile d'une main de femme, main diligente, infatigable qui réussit, en dépit de tout, à créer la propreté et l'ordre. Haute de 3m37, mesurant

(1) *Oda Olberg Das Elend in der Haus — Industrie der Konfection*, Leipzig, Brunow.

2m90 de long sur 3m70 de large, cette chambre est meublée comme le sont les cuisines du pauvre ; seul le lit dans un coin et la machine à coudre dans l'autre révèlent les destinations multiples auxquelles elle doit servir. Deux chaises de bois complètent le mobilier. C'est là que la mère cuisine, coud, repasse et dort ; trois enfants âgés respectivement de 11, 9 et 3 ans 1/2 y passent la journée avec elle. »

On pourrait croire que, sous ce rapport, Paris est plus favorisé, mais les mêmes misères se retrouvent quand on veut se donner la peine de les chercher. Nous en avons visité de ces logements ouvriers, si toutefois on peut appeler ainsi ces bouges hideux où tant de familles passent leur misérable existence. Un quartier surtout nous a laissé sous une impression particulièrement triste, c'est la portion des cinquième et treizième arrondissements où passe la Bièvre. Là, dans des rues étroites, se trouvent de vieilles masures tenant à peine debout ; si vous entrez dans le couloir bas et étroit qui sert d'entrée, une odeur épouvantable vous suffoque. Par un escalier branlant et tellement obscur que vous pouvez à peine distinguer les morceaux de plâtre et les débris de bois qui partent sous vos pieds, vous arrivez en tâtonnant à trouver une porte mal jointe. Si vous entrez, vous allez voir ce que peut être un logement ouvrier. La porte donne sur un autre petit escalier de trois marches qui conduit dans une chambre carrelée. La maison est si vieille que des tassements successifs ont fait baisser le carrelage, de sorte que c'est une succession de bosses et de trous. Les murs et le plafond ne se distinguent plus tant ils sont noircis par la fumée. Pour tout mobilier, un mauvais lit de fer, un berceau, une table de bois blanc, trois chaises boiteuses et un petit fourneau. Sur une corde, tendue en travers de la chambre, sèchent des langes. C'est là que vit une femme veuve et deux enfants en bas âge. Sur un coin de la table, traîne un reste de fromage et un morceau de pain ; sur le fourneau, un pot au feu dégage une violente odeur de choux aigres qui, mêlée à celle des langes, rend la respiration impossible. Nous voulons ouvrir la fenêtre, mais cela est pire encore ; elle donne sur une étroite cour où des ouvriers de la mégisserie voisine raclent des peaux ; de cette cour sort une pestilentielle odeur de sang pourri et de tan, plus insupportable encore que celle de la chambre. La femme qui habite ce taudis est la veuve d'un ouvrier mégissier. mort l'an passé, elle fait des camisoles pour un entrepreneur du quartier et gagne en travaillant tant qu'elle peut 1 fr. ou 1 fr. 25, par jour, et, sans le bureau de bienfaisance et quelques voisins secourables, elle et ses enfants mourraient de faim. Qu'ils sont nombreux, dans le quartier que nous venons de citer, ces horribles bouges habités par la misère ! Aussi, combien sont fréquents les décès causés par la phtisie et la pneumonie dans ces quartiers. Nous n'avons pour nous en convaincre qu'à consulter l'altas de statistique graphique de la ville de Paris dressé par le docteur Bertillon. Si en regard du treizième arrondissement, dont nous parlons, nous mettons un arrondissement riche, le huitième par exemple, et que nous comparions les décès causés par les maladies des voies respiratoires, nous trouvons les chiffres suivants :

Sur 100 000 habitants, nombre de décès annuels :

	Huitième arrondissement,	*Treizième*
Pneumonie	108 à 169	424 à 484
Phtisie pulmonaire. .	160 à 276	509 à 624
Bronchite aiguë. . .	20 à 45	85 à 120
Bronchite chronique .	48 à 73	124 à 148

Si maintenant nous passons aux maladies qui frappent plus spécialement les enfants, nous trouvons les chiffres suivants :

	Huitième arrondissement,	*Treizième*
Pour la rougeole. . .	11 à 33	100 à 121
Coqueluche	4 à 10	26 à 30
Méningite	39 à 80	141 à 170
Diarrhée infantile . .	46 à 180	401 à 510

Au point de vue de la santé des ouvriers, la question du travail en chambre se confond en partie avec celle des logements insalubres. Il n'y a pas qu'en France, et surtout à Paris, où d'aussi tristes résultats puissent être constatés.

Une enquête faite à Cincinnati sur les « tenement-houses », maisons divisées en petits logements où s'entasse la population misérable des grandes villes d'Amérique, nous donne des résultats identiques. L'enquête porte sur 5 616 maisons comprenant 54 065 chambres occupées par 24 983 familles, soit 105 488 personnes.

En représentant par 100 le total des décès à Cincinnati pour chacune des maladies, on trouve pour les 5 616 « tenement-houses » les proportions suivantes (1) :

Scarlatine	55 %
Rougeole	75 »
Coqueluche	69 »
Entérite	65 »
Méningite.	68 »
Maladies de cœur	69 »
Diphtérie	75 »
Croup.	66 »
Fièvre typhoïde	60 »
Phtisie	60 »
Convulsions.	79 »
Bronchite.	58 »
Pneumonie	55 »

Or, la population des maisons visées par l'enquête (105 488 habitants) ne forme que 40 0/0 de la population totale de Cincinnati (283 230 habitants).

L'Inspecteur du travail de Berlin et le Dr Squire,

(1) Dr Fauquet. — *Essai sur le travail en chambre*, p. 19.

médecin du North London Hôpital for Consumption, sont du même avis et constatent le nombre considérable des décès chez les ouvriers qui travaillent en chambre.

Mais, au point de vue sanitaire, la multiplicité des relations crée une solidarité effective entre toutes les classes de la société. Cette solidarité se réalise, en fait, par des procédés multiples : contagion de proche en proche d'un quartier à un autre, communauté des moyens de transport, condoiement de la rue et des magasins. Comme M. Sœnens le disait au Congrès international de Bruxelles de 1897, sur les habitations à bon marché : « Les maladies infectieuses ne s'étendent-elles pas souvent des impasses aux avenues, des masures aux hôtels, des taudis abandonnés où elles trouvent leurs « bouillons de culture » aux demeures les plus somptueusement et les plus hygiéniquement aménagées. La présence dans une ville d'une population misérable est un danger permanent pour le reste de la population. Les objets fabriqués établissent des relations nombreuses entre les différentes classes de la société. Le vêtement sortant de la chambre de l'ouvrier doit à ce point de vue attirer particulièrement l'attention.

The Lancet, dans un article sur le « Sweating System (1) », rappelle que la fille du célèbre ministre an-

(1) *The Lancet*, 1876, p. 175.

glais, Sir Robert Peel, contracta la maladie dont elle mourût par l'intermédiaire d'un habit d'amazone fabriqué au domicile d'un tailleur dont l'enfant était atteint de la même maladie.

Le secrétaire de l'Union des ouvriers tailleurs d'Amérique, John B. Lennon, a rapporté également, devant la Commission d'enquête du comité des manufactures (1), qu'un vêtement, fabriqué à Cincinnati, dans une maison où trois cas de variole avaient été constatés, ayant été vendu à Dayton, occasionna la variole dans la famille de l'acheteur et causa la mort de sa femme.

La preuve de la transmission possible de maladies telles que la variole, la scarlatine, la diphtérie, la tuberculose, par le vêtement, est, du reste, absolument faite aujourd'hui.

Le Dr Fauquet dit que la possibilité d'une semblable transmission ne fait aucun doute. Il ne s'agit plus, en réalité, de savoir si la transmission des maladies contagieuses peut se faire par ce moyen, mais bien dans quelle mesure elle se fait.

Nous allons nous heurter, forcément, dans cette étude à des difficultés sans nombre.

Le vêtement est fabriqué pour le compte de l'entrepreneur dans un nombre considérable d'ateliers

(1) *Report of the Committee on manufactures on the Sweating System*, 1893, Washington, p. 210.

en chambre. Les objets fabriqués sont centralisés par lui et remis, soit à un entrepreneur principal, soit à la maison de gros ; tous les vêtements se trouveront ainsi mélangés et leur provenance ne pourra plus être reconnue. D'un autre côté, les personnes atteintes d'une maladie contagieuse ne pourront pas savoir si leur maladie provient d'un vêtement récemment acheté. Dans le plus grand nombre de cas, l'hypothèse ne pourra donc pas être vérifiée. Ce qu'on peut affirmer c'est que, toutes les fois qu'une maladie contagieuse se sera déclarée dans un atelier en chambre, les objets fabriqués environnants seront contaminés. Les vêtements ont, par excellence, les qualités requises pour servir de véhicule aux maladies contagieuses ; dans ces conditions, nous n'aurons pas à être étonnés des législations parfois sévères que nous étudierons à ce sujet.

La scarlatine, la variole, la diphtérie se rencontrent souvent dans les ateliers en chambre, sans que les précautions les plus usuelles soient prises pour empêcher la contamination des vêtements en fabrication. Les couvertures font souvent défaut dans les chambres des malheureuses ouvrières ; quand elles sont malades elles se couvrent avec les vêtements en cours de fabrication. L'Inspecteur du travail de Massachussets, M. J. Griffin, trouva dans une de ses inspections un enfant de 12 ans, convalescent de diphtérie, couché sur les vêtements que sa mère avait terminés pour une grande maison de Boston. L'appartement comprenait une cuisine et une chambre dans laquelle couchaient la mère et l'enfant. Les vêtements furent saisis et envoyés au Bureau d'Hygiène pour y être désinfectés (1).

Les observations de ce genre sont nombreuses et nous ne saurions trop insister sur le danger public que peut devenir le travail en chambre mal organisé.

Les logements insalubres sont intimement liés aux salaires minimes. Comment l'ouvrière isolée qui gagnera parfois 0 fr. 80 par jour pourrait-elle payer un loyer de 180 ou 200 francs par an ? Elle se rabattra forcément sur une chambre obscure, dans une de ces masures que nous avons décrites, où elle ne paiera que 50 ou 60 francs par an. Nous avons donné, comme première cause des salaires dérisoires de l'ouvrière en chambre, les prélèvements du marchandeur qui, d'après l'office du travail, sont parfois de 50 0/0 du prix de façon. A cette cause il faut en ajouter plusieurs autres ; ce sont : la concurrence, l'isolement des ouvrières, les réductions que comportent les salaires, l'infériorité de la puissance de production (2) et enfin l'organisation défectueuse de

(1) Report of the chief of the Massachusetts District Police including the Inspection Department and the Detective Department for the year, 1891.

(2) Lambrechts. — *Le travail des couturières en chambre et sa réglementation*. Schepens.

la production. La concurrence, citons-nous comme première cause de l'abaissement des salaires, oui, la concurrence, et elle est terrible entre ouvrières. La jeune fille quitte sa famille pour aller à l'atelier patronal, et son salaire n'est souvent qu'un appoint dans le budget familial ; une fois mariée, au début surtout, alors qu'elle n'a pas encore à s'occuper de ses enfants, elle demande aux entrepreneurs de lui fournir de l'ouvrage. Elle se contentera d'un gain minime car, comme son mari gagne suffisamment pour l'entretien du ménage, le salaire qu'elle obtiendra ainsi, servira souvent soit à payer des dépenses de toilette, soit à lui constituer un pécule personnel. Il ne faut pas croire que ce soit seulement la femme de l'ouvrier qui accepte du travail de l'entrepreneur. Un grand nombre de femmes d'employés ou de commis passent toutes leurs journées à des travaux de confection. Combien de petites bourgeoises et même de dames d'un milieu élevé travaillent sous le couvert de la charité à des travaux de confection qui leur serviront à payer une fantaisie ou un bibelot que leur mari aurait difficilement accepté de payer. Dans les grandes villes, disait le ministre allemand von Bœtticher, c'est par milliers que les femmes et les filles de petits employés, de marchands de détail travaillent en cachette pour la confection et la lingerie. Il ajoutait que si l'on pouvait tout connaître, on serait stupéfait de voir jusqu'à quel degré de l'échelle sociale on rencontre ce genre d'ouvrières.

Chez aucune de ces ouvrières, le but principal du salaire n'est d'assurer l'existence de la femme. Chez toutes, ce n'est qu'un salaire d'appoint. Les besoins urgents étant satisfaits, elles accepteront facilement le marchandage de l'entrepreneur.

Que fera, dans ce cas, l'ouvrière isolée qui, forcée de rester chez elle, à cause de ses enfants, entrera en concurrence avec ces ouvrières qui n'ont pas un besoin immédiat de travailler. Elle sera forcée d'accepter le même salaire que ses rivales, car leur nombre, sans cesse grandissant, suffira bientôt pour toute la confection. Pour l'ouvrière isolée, ce sera le salaire d'appoint des autres qui deviendra le salaire total.

Une autre concurrence à craindre pour l'ouvrière isolée, c'est celle de l'atelier patronal. Si l'entrepreneur, en effet, trouvait difficilement à faire confectionner à l'extérieur, il préférerait faire faire dans son atelier les vêtements qui ainsi passeraient sous ses yeux et auraient une façon plus soignée. Le travail en chambre est souvent le partage des demi-capacités. L'ouvrière, renvoyée de l'atelier pour sa maladresse, ira demander à l'entrepreneur de l'ouvrage à faire chez elle. Elle craindra, si elle demande un prix un peu élevé, de voir préférer par celui-ci l'emploi d'ouvrières en atelier; comme elle est peu habile, elle acceptera à tout prix.

Les étrangers, qui arrivent dans un pays dont ils ne connaissent pas la langue, sont aussi des concurrents dangereux ; comme, en général, les émigrants sont sans ressources, ils accepteront, en attendant de connaître la langue du pays et de pouvoir se placer dans un atelier, un salaire dérisoire.

A toutes ces causes, il faut encore ajouter la concurrence des ouvrières de la campagne qui, n'ayant pas à payer les loyers élevés de Paris et ne dépensant presque rien pour leur nourriture, peuvent ainsi travailler à des prix incroyables de bon marché, tout en ayant de quoi vivre.

Enfin l'ouvrière en chambre sera aussi concurrencée par les prisons et les ouvroirs; en nous occupant des réformes et des remèdes à apporter au travail en chambre, nous reviendrons sur ce dernier point.

Après la concurrence, nous avons cité, comme cause des abus du travail en chambre, l'isolement des ouvrières. Cet isolement est presqu'absolu.

Les syndicats d'ouvrières sont rares et le besoin trop immédiat d'argent fait que l'ouvrière est à la merci de l'entrepreneur. Cet isolement et cette faiblesse économique de l'ouvrière font qu'il n'y a aucune communauté d'intérêts entre l'employeur et l'employée. Le travail devient une marchandise, le principe de la concurrence règne en maître.

Werner Sombart signale comme principal effet de

l'isolement des ouvrières, « l'absence, chez le patron du sentiment de la responsabilité vis-à-vis du public. »

« Quoi qu'il arrive, il ne se préoccupe de rien ; ce ne sont pas « ses » ouvrières. »

Après l'isolement des ouvrières, les réductions que comporte le salaire sont une nouvelle cause de la situation précaire des ouvrières en chambre.

Ces réductions sont de plusieurs espèces ; l'entrepreneur, qui sait que l'ouvrière ne peut se passer d'ouvrage, en profite pour la rançonner par tous les moyens possibles. Une pratique longtemps employée fut celle du truck-system ; cela équivaut au paiement en nature. Une partie du maigre salaire de l'ouvrière devait lui être payée en marchandises ; l'entrepreneur, ayant des traités avec certains commerçants, imposait à ses ouvrières de se fournir chez ces commerçants comme paiement de leur travail. Les marchandises, toujours de mauvaise qualité, étaient comptées fort cher à ces malheureuses et le bénéfice était partagé entre le commerçant et l'entrepreneur. L'opinion publique, outrée de ces pratiques, a forcé la main des législateurs, de sorte qu'aujourd'hui le paiement en nature a presque disparu.

Il n'en est pas de même d'un autre « truck-system » ; nous voulons parler du bénéfice du patron sur la fourniture des matières premières.

D'après le rescrit du gouvernement fédéral allemand, l'un des quatre objets signalés aux recherches de la *Kommission fur Arbeiterstatistik* est précisément cet abus du « truck-system », et M. von Betticher veut trouver mieux.

Puis il y a des fournitures qui sont faites par l'ouvrière : fil, aiguilles, boutons, etc.

Enfin, la réduction la plus considérable est celle qui est faite lors de la réception des marchandises. L'entrepreneur passera en revue tous les objets finis et si une couture ou un pli ne sont pas de son goût, il diminuera encore le salaire pourtant déjà si minime de l'ouvrière.

Après les réductions de salaires, nous trouvons pour l'ouvrière en chambre l'infériorité de la puissance de production. La division du travail et le machinisme ont activé la production dans l'industrie du vêtement comme dans les autres industries. La mécanicienne d'un atelier de couture suffit pour finir l'ouvrage commencé par dix ouvrières; l'ouvrière en chambre, ou tout au moins la plus pauvre, n'aura pas les moyens de se procurer une machine et, par cela même, au point de vue de la production, sera dans un état de grande infériorité.

Des entrepreneurs peu scrupuleux ont spéculé honteusement sur cet état de choses. Certains proposent à des ouvrières, dans l'impossibilité matérielle de se procurer une machine au comptant, de leur en vendre une à tempérament, c'est-à-dire payable tant par mois, à la condition qu'elles ne travailleront que pour eux ; ils promettent du reste de fournir régulièrement de l'ouvrage.

La machine, souvent de mauvaise qualité, est vendue deux ou trois fois sa valeur, et les réparations, et elles sont nombreuses, sont payées par l'ouvrière. Si l'entrepreneur se contentait de ce bénéfice scandaleux sur la machine vendue et donnait régulièrement de l'ouvrage à l'ouvrière, il n'y aurait que demi-mal, mais voici qui est pire. Quand, pendant trois ou quatre mois, l'ouvrière a payé ses mensualités, l'entrepreneur commence à lui donner moins d'ouvrage, de sorte qu'elle peut difficilement payer le mois suivant ; puis, diminuant toujours, il arrive un moment où elle ne peut plus payer et où l'entrepreneur lui retire sa machine. Tous n'agissent pas avec ce même cynisme, mais ils sont bien rares ceux qui, promettant de l'ouvrage régulièrement à l'ouvrière qui achète une machine à coudre, tiennent leur promesse.

Une dernière cause amenant l'insuffisance des salaires, c'est l'organisation défectueuse de la production. L'ouvrière qui habite souvent loin de l'entrepreneur est forcée d'aller chercher les vêtements à confectionner et de les rapporter terminés. Il y a là, pour elle, de grosses pertes de temps. Quelques-unes essaient de les réparer. Nous les voyons, sur les impériales des tramways venant de la banlieue, ces ouvrières qui, fébrilement, finissent une manche ou cousent des boutons ; mais cette dépense de 30 centimes est bien trop forte pour beaucoup d'entre elles ; celles qui ne peuvent s'offrir ce luxe portent leur travail sur leur dos et souvent la tâche est rude. Ils sont bien lourds ces énormes paquets d'étoffes enveloppés d'une toile noire, sur lesquels les ouvrières exténuées sont forcées de se reposer en chemin. A peine la respiration revenue, elles repartiront chargées comme des bêtes de somme, le corps déformé et la figure congestionnée par leur lourde charge.

En plus de ces pertes de temps et de ces fatigues, il y a la grosse question des intermédiaires. La grève des ouvrières de la confection à Berlin eut pour principale cause l'âpreté au gain de tous les sous-traitants.

Le Zwischenmeister est un entrepreneur qui traite avec la maison de gros dont il reçoit les étoffes et les fournitures. Il n'est pas nécessaire que l'entrepreneur soit un homme qui connaisse le métier ; il cumule souvent avec une autre profession et il n'est pas rare de voir des entrepreneurs de confection être en plus de cela jardiniers, cochers, pharmaciens ou cabaretiers. Le grand secret, pour réussir dans le métier, consiste à découvrir les adresses des femmes les plus pauvres. Celles-là, forcées de travailler pour vivre, accepteront les salaires les plus minimes pour ne pas mourir de faim. Oda Olberg, que nous avons déjà citée, nous fait le tableau de ce que couramment l'intermédiaire prélevait sur l'ouvrière avant la grève.

Tous les chiffres cités par elle sont d'ailleurs corroborés par les enquêtes officielles et ne peuvent donc pas être suspectés.

Il s'agit d'objets courants, pour lesquels la maison de gros paie 1 marc 60 pfennings. Le zwischenmeister employait quinze ouvrières par semaine pour le gros ouvrage. Elles arrivaient à faire par semaine 180 pièces payées à raison de 40 pfennigs, soit 72 marks. Mais ces vêtements n'étaient pas finis, il fallait les garnir; quinze autres ouvrières étaient occupées à cet ouvrage et touchaient, de ce fait, 50 pfennigs la pièce, soit 90 marks. De plus, un ouvrier, employé constamment au repassage, gagnait 21 marks par semaine. Le zwischenmeister payait donc 183 marks, par semaine, à ses ouvrières, alors qu'il en recevait 288. Il réalisait donc un bénéfice net de 105 marks par semaine, puisque la maison de gros lui payait 288 marks.

Les intermédiaires, lors de l'enquête faite pendant la grève, ont nié ces bénéfices énormes et ont même proposé, pour tout bénéfice, d'accepter un prélèvement proportionnel sur le prix de façon, mais l'enquête a prouvé que ces chiffres étaient exacts.

D'après J. Burnett, le type du sweater anglais ne

diffère pas du sweater allemand ; il nous cite un sweater qui, touchant 24 shellings de l'entrepreneur, pour la confection de 12 vêtements, ne payait que 13 shellings 5 deniers à ses ouvrières, conservant ainsi un bénéfice de 10 shellings 9 deniers. Chez nous, nous avons vu que l'Office du travail estimait que le bénéfice de l'intermédiaire pouvait aller jusqu'à 50 0/0 du prix de façon.

Après avoir examiné ces différentes raisons : concurrence, isolement des ouvrières, réductions que comportent les salaires, infériorité de la puissance de production et organisation défectueuse de la production, nous n'avons pas à être surpris que l'insuffisance des salaires soit générale dans le travail en chambre ; aussi, comme conséquence forcée, allons-nous trouver les excès de travail pour tâcher d'y remédier. Pour se rendre compte, exactement, de la durée du travail en chambre, il est inutile de consulter les patrons ou les ouvriers ; comme dans toute enquête, les premiers seraient trop optimistes et les seconds trop pessimistes, aussi, avons-nous un contrôle plus simple et plus juste. L'ouvrière, qui est arrivée à un degré d'habileté suffisant, devra mettre à la confection d'un vêtement un temps déterminé qui ne variera pas beaucoup. Il est facile de faire le calcul du temps employé au travail d'après le nombre de vêtements confectionnés. La durée du travail journalier ainsi obtenue est excessive. L'organe des patrons berlinois, le *Confectionær*, décrit avec orgueil les quinze à dix-huit heures de travail de la saison ; on ne peut évidemment pas suspecter cet aveu.

La Kommission für Arbeiterstatistik a reçu les dépositions suivantes :

« Une couturière travaille habituellement de cinq heures du matin à minuit ; le contrôle, par la quantité de vêtements achevés, prouve que ces chiffres sont exacts ; les jours de livraison, comme elle perd quelques heures, elle les rattrape dans la nuit.

« D'après une autre couturière, qui achève des pièces chez elle, le travail qui dure habituellement jusqu'à minuit ou une heure du matin, va, dans les moments de presse, jusqu'à une heure plus avancée. »

Ce n'est pas seulement à Berlin que la grande majorité des couturières en chambre travaillent de treize à dix-sept heures par jour ; M. Levasseur fixe, pour New-York, une moyenne de quinze heures de travail par jour. A Paris également, il n'est pas rare de trouver des ouvrières travaillant encore dans leur mansarde à une heure du matin.

Une autre conséquence de l'insuffisance du salaire, c'est de forcer les ouvrières à employer leurs jeunes enfants pour les aider dans leur travail. Les parents se font alors complices de l'abus, mais leur dénuement n'est-il pas une excuse ?

Miss Helen Campbells, dans ses enquêtes de New-York, a rencontré une couturière qui avouait ne gagner sa vie que grâce à l'aide de ses deux petites filles, âgées l'une de sept, l'autre de six ans. Il n'est pas rare de voir au travail, pendant toute une journée, des enfants de cet âge : on en voit même de plus jeunes.

M. Levasseur a souvent vu, à New-York, des enfants encore à l'ouvrage à onze heures du soir.

On voit d'ici ce que devient la vie de famille dans ces conditions, et si la situation des prisonniers n'est pas préférable, dans bien des cas, à celle de l'ouvrière à domicile.

En faisant travailler à domicile, le patron n'a pas à craindre la coalition, les grèves de ses ouvrières qui se connaissent à peine et qui, prises isolément, sont forcées et contraintes d'accepter toutes les conditions qui leur sont faites.

Le travail en chambre, pour la confection, rentre dans le travail aux pièces ; ce travail, en fournissant aux patrons la mesure exacte de l'intensité du travail que peut fournir un bon ouvrier, leur permet de diminuer les salaires et de les réduire aux plus bas prix. De plus, le travail aux pièces, en faisant allonger de beaucoup la durée de la journée de travail, comme nous l'avons vu, a encore une influence sur le taux des salaires, car, il est démontré que les professions où les journées sont les plus longues, sont précisément celles où les salaires sont les plus bas. Aussi, n'est-il pas étonnant de voir les associations ouvrières prendre, dans tous les pays, des mesures pour empêcher le développement de ce genre de travail à domicile. Le travail aux pièces a été combattu avec la dernière vigueur dans un rapport présenté au congrès international socialiste ouvrier de Bruxelles, en 1891. Voici les raisons principales invoquées en faveur de la suppression du travail aux pièces : 1° L'ouvrier qui travaille aux pièces a intérêt à travailler fort et longtemps ; il s'use avant l'âge et cela, sans profit pour lui, car il est l'artisan de son propre esclavage.

2° Le travail aux pièces, en fournissant la mesure exacte de l'intensité de travail que peut fournir un fort ouvrier, fait diminuer le salaire par les patrons.

3° Une autre conséquence fâcheuse, c'est qu'il pousse à faire travailler les ouvriers non à l'atelier, mais chez eux, dans la chambre familiale et, par suite, à faire travailler avec eux les enfants quel que soit leur âge.

4° Avec le travail aux pièces, il n'y a plus d'artistes, l'ouvrier n'a qu'un intérêt : aller vite ; c'est le triomphe de la camelote.

5° Enfin, c'est une source perpétuelle de conflits entre patrons et ouvriers pour la réception de la marchandise, le patron ayant intérêt à chercher des malfaçons, ne fût-ce que pour diminuer les prix convenus. En résumé, si le système est profitable à une minorité de forts ouvriers, il est défavorable à la grande majorité des travailleurs.

Après ces constatations nombreuses de la situation misérable dans laquelle se trouvent les ouvrières en chambre, avons-nous besoin d'insister sur l'envahissement progressif de l'immoralité dans cette classe ?

Le Dr Feig prétend qu'il faut en chercher la cause dans le défaut d'équilibre des budgets ; après mille souffrances, les pauvres filles doivent en arriver à la constatation que le vice est mieux payé que le travail (1).

D'après des budgets dressés par lui, il arrive à conclure que les femmes seules, n'ayant pas la ressource d'habiter dans leur famille, ne peuvent pas vivre du produit de leur travail. Qu'arrive-t-il alors ? les chiffres de la caisse de maladies nous l'apprennent pour Berlin.

La moyenne des naissances illégitimes pour les années 1885 à 1890 est de 25 0/0. La plus grande partie revient à des ouvrières du vêtement. M. Bonnevay, dans le livre que nous avons déjà cité sur les ouvrières lyonnaises, nous montre dans différents budgets d'ouvrières l'impossibilité pour la femme

(1) Lambrechts, déjà cité.

isolée de vivre de son travail. « Chez toutes, nous trouvons quelqu'un pour combler ce déficit ; cela durera tant que l'ouvrière sera jeune et jolie, mais après, n'aura-t-elle donc, pour résoudre ce redoutable problème, qu'à allumer furtivement un soir dans sa chambre le réchaud de charbon qui endort à jamais les douleurs de la terre (1) ? »

Ce serait là une solution par trop simpliste de la question ouvrière, et, fort heureusement, nous espérons arriver à des conclusions moins désolantes que l'hôpital ou le suicide.

Nous consacrerons à l'étude des remèdes à apporter à ces misères une cinquième partie qui viendra après l'examen des législations françaises et étrangères sur cette matière et l'étude des efforts tentés dans un ordre privé pour y venir en aide.

Nous avons été entraînés, en nous occupant de la confection en gros, à étudier le « sweating-system » dans son ensemble, mais il n'est pas particulier à cette sorte d'industrie, il existe également et sans aucune variante dans la confection de détail et chez les ouvrières travaillant pour les grands magasins. Nous n'aurons donc plus à y revenir dans le paragraphe suivant où nous allons nous occuper de ces deux dernières industries.

(1) Bonnevay. — *Les ouvrières lyonnaises*, Paris, Guillaumin.

§ II. — *Les maisons de détail et les grands magasins.*

A côté des maisons de confection qui fournissent la province et l'étranger et dont le chiffre d'affaire est considérable, nous trouvons des maisons plus modestes qui se contentent de vendre au détail les vêtements confectionnés. En dehors du chiffre d'affaires, les maisons de détail diffèrent encore des maisons de gros en ce qu'elles créent rarement des modèles ; elles servent le plus souvent d'intermédiaire entre la maison de gros et le public. De plus en plus, du reste, ces maisons de détail tendent à disparaître, tuées par le grand magasin. Les quelques maisons, qui ont pu résister à la concurrence, réduisent forcément leurs frais généraux et, telles maisons, qui, outre le patron et la patronne, employaient plusieurs vendeuses, n'en occupent plus aujourd'hui qu'une seule ou même pas du tout. Nous sortons donc du cadre de notre étude, consacrée aux travailleurs du vêtement, puisque ces maisons sont uniquement consacrées à la vente ; aussi, ne nous en occuperons-nous pas plus longtemps, pour passer de suite au grand magasin qui prend place au premier rang des luttes sociales de notre époque et qui, porté aux nues par d'aucuns, est vilipendé par les autres.

Nous ne prendrons pas part à cette lutte et nous laisserons de côté le bien ou le mal fondé de ces opinions, pour nous consacrer uniquement à l'étude du fonctionnement du rayon du vêtement et de la confection proprement dite.

Le grand magasin, après une lente évolution, est arrivé à tenir le milieu entre la couture sur mesure et la confection. Il ne se contente plus aujourd'hui de la vente des vêtements amples et non ajustés qui rentrent dans la confection, il aborde le costume de dame ajusté, le même que celui qui est fait par la couture sur mesure. Cela peut paraître étonnant après les explications que nous avons données sur l'individualisation extrême du costume féminin. Le costume terminé ne peut aller que très rarement aux tailles disproportionnées des acheteuses, mais le costume est créé en différentes tailles et en assez grand nombre, de sorte qu'avec un important atelier de « poignards » ou de retouches, on arrive tout de même à contenter la clientèle qui du reste, vu le prix réduit des articles, ne peut être fort exigente (1).

Le grand magasin fabrique également le costume de commande et alors nous rentrons dans la mesure.

Le rayon de costumes de dames est dirigé par un chef de rayon qui dirige la vente et en même temps la fabrication et la manutention.

(1) *La Petite industrie*, déjà citée.

Ce chef de rayon est très influent et ses relations avec la clientèle élégante en font un employé indépendant.

Pour la vente, il est secondé en général par une dame, directrice des vendeuses.

Puis viennent, en sous-ordres, les vendeuses et les essayeuses qui s'occupent des retouches. Pour la fabrication et la manutention, le même chef de rayon a comme aides un sous-chef, puis des employés aux écritures, un manutentionnaire chargé des fournitures, un livreur d'étoffes et enfin plusieurs jeunes filles, chargées de la distribution de l'ouvrage. Le grand magasin comprend encore, comme ateliers intérieurs : l'atelier de commande, l'atelier de création des modèles et, enfin, l'atelier de coupe, pour le travail extérieur. L'atelier de commande est dirigé par une première qui gagne de 5 à 6.000 francs par an, et, en son absence, par une seconde qui gagne de 3 à 4.000 francs. Comme dans l'atelier de couture sur mesure, les ouvrières se décomposent en : corsagières et associées, manchières, jupières bonnes mains, jupières petites mains, garnisseuses et mécanicienne. Pour éviter les ennuis de l'inspection, les grands magasins n'emploient pas d'ouvrières au-dessous de 18 ans. Les salaires ne sont pas très élevés, ils varient de 2,75 à 4 francs, rarement ils vont jusqu'à 5 et 6 francs. Dans beaucoup de grands magasins, l'ouvrière est nourrie et alors le salaire s'en trouve diminué, mais on évite ainsi les inconvénients très graves que nous trouvions pour la nourriture des ouvrières de la mesure.

Le travail, dans ces ateliers, est en général de dix heures par jour dans la saison et de six à sept dans la morte saison, sans que jamais il y ait non-travail absolu.

Cet atelier, du reste, quand il n'est pas employé aux commandes, est utilisé pour la création des modèles. Le magasin doit créer des modèles qui réalisent ce double problème de l'élégance et du bon marché. Ce problème est d'autant plus difficile à résoudre que la nécessité de vendre bon marché force à se servir d'étoffes communes et à supprimer les garnitures coûteuses qui souvent font le succès des robes de grands couturiers. Par quel véritable tour de force les grands magasins arrivent-ils à vendre des costumes réellement élégants pour des prix inouïs de bon marché, voilà ce qui constitue le secret du métier. Ce qu'il faut obtenir, c'est un trompe-l'œil; peu importe la qualité de l'étoffe et des garnitures employées. C'est là que nous trouvons le triomphe de ces étoffes coton et soie et des garnitures du même genre. Il ne s'agit pas ici de créer de modèles, il suffit de les copier, aussi les indiscrétions des ouvrières de la grande couture, tant sur les formes de robes que sur les étoffes employées, sont-elles encore plus intéressantes que pour l'atelier de confection en gros; en effet, le grand magasin, qui fait le vêtement ajusté, a besoin de se tenir constamment au courant de la mode qui varie plus que dans le vêtement ample. Pour ce dernier vêtement, les grands magasins ont pendant longtemps exploité l'atelier de confection. Le chef de rayon achetait à la maison de gros, au début de la saison, un modèle nouveau et, au lieu d'en commander les exemplaires nécessaires à la vente à cette maison, il les faisait exécuter par les ouvrières travaillant pour le magasin, faisant rentrer dans les caisses de ce dernier les bénéfices qui devaient revenir à la maison de gros. Les directeurs de ces maisons se sont justement émus de ce plagiat des grands magasins, aussi maintenant ne traitent-ils plus avec les chefs de rayons qu'au mois de février, après le retour de la province et seulement pour des articles qui, menaçant de devenir des rossignols, sont cédés comme articles réclames.

A côté de cette création intérieure des modèles, le grand magasin emploie celle de la création du dehors. En général, ce sont de petites couturières, parfois anciennes premières de grands ateliers qui s'efforcent de créer des modèles pour les magasins. Elles espèrent ainsi obtenir un travail régulier car la reproduction du modèle appartient à l'inventeur. Elles apportent donc au chef de rayon le modèle trouvé par elles, soit fini, soit bâti sur mousseline. Dans le tas des offres, celui-ci choisit les modèles qui lui plaisent, mais le plus souvent il se contente de faire copier, par l'atelier intérieur, le modèle apporté et ensuite il le fait confectionner par une entrepreneuse extérieure. S'il accepte de traiter avec la créatrice du modèle, c'est qu'elle fera les mêmes conditions que l'entrepreneuse. Grâce à ce système, le grand magasin est assuré d'une variété dans la conception des modèles, qui ne pourrait être demandée au seul personnel de l'atelier intérieur.

Avec le travail donné à l'entrepreneuse, nous retombons purement et simplement dans le « sweating system » que nous avons étudié pour les ateliers de confection en gros. Les étoffes sont fournies coupées, ainsi que les doublures et les garnitures, par l'atelier de coupe et la manutention du grand magasin. Lorsque les objets confectionnés sont rentrés au magasin, ils sont retouchés, suivant la conformation particulière de chaque cliente, par un atelier d'intérieur appelé atelier des retouches ou poignards. Le grand magasin, plus encore que l'atelier de confection en gros, exige une exactitude absolue dans la livraison ; si, à l'heure dite, les objets confectionnés ne sont pas rapportés, un employé est envoyé en voiture au domicile de l'entrepreneuse et les frais de cette course sont à sa charge. Les chefs de rayon font aussi subir des diminutions de salaires pour les malfaçons, qui, pour eux, sont toujours nombreuses.

Nous en avons ainsi fini avec la première partie de notre étude. Nous avons vu que, dans toutes les branches de l'industrie du vêtement, les salaires sont insuffisants pour permettre à l'ouvrière de vivre honnêtement. A l'atelier, nous avons trouvé les salaires les plus élevés, quoique trop faibles encore, mais, à côté de cela, des causes démoralisatrices inhérentes à la promiscuité de l'atelier et du restaurant, puis, nous avons vu les graves inconvénients de la veillée.

Passant de l'ouvrière d'atelier à celle qui travaille en chambre, les résultats nous sont apparus peut-être plus tristes encore. Le semblant de liberté dans le travail et de rehaussement de ce travail pour la femme, dans la possibilité de s'occuper de son intérieur, cachent partout la plus noire misère. Nous avons constaté des faits, nous allons voir maintenant quelles sont les mesures prises par le législateur français pour venir en aide à cette classe malheureuse.

DEUXIÈME PARTIE

LA LÉGISLATION FRANÇAISE ET LA PROTECTION DES TRAVAILLEURS DE L'INDUSTRIE DU VÊTEMENT.

Nous nous sommes spécialement occupés, dans notre partie descriptive, des industries du vêtement employant uniquement les femmes et les enfants; nous allons donc étudier seulement la loi sur le travail des femmes, filles mineures et enfants, c'est-à-dire la loi du 2 novembre 1892. Dans cette loi, différents articles peuvent et doivent s'appliquer aux ateliers de couture. Ce sont ceux-là seulement que nous allons énoncer et que, suivant le plan de notre introduction, nous étudierons dans leurs rapports avec l'industrie qui nous occupe.

Loi sur le travail des enfants, des filles mineures et des femmes dans les établissements industriels.

Article 1er. Le travail des enfants, des filles mineures et des femmes, dans les usines, manufactures mines, minières et carrières, chantiers, ateliers et leurs dépendances, de quelque nature que ce soit, publics ou privés, laïques ou religieux, même lorsque ces établissements ont un caractère d'enseignement professionnel ou de bienfaisance, est soumis aux obligations de la présente loi. — Toutes les dispositions de la présente loi s'appliquent aux étrangers travaillant dans les établissements ci-dessus désignés. — Sont exceptés les travaux effectués dans les établissements où ne sont employés que les membres de la famille sous l'autorité, soit du père, soit de la mère, soit du tuteur. — Néanmoins, si le travail s'y fait à l'aide de chaudière à vapeur ou de moteur mécanique, ou si l'industrie exercée est classée au nombre des établissements dangereux ou insalubres, l'inspecteur aura le droit de prescrire les mesures de sécurité et de salubrité à prendre, conformément aux articles 12, 13 et 14.

2. Les enfants ne peuvent être employés par les patrons ni être admis dans les établissements énumérés dans l'article 1er, avant l'âge de 13 ans révolus. — Toutefois, les enfants munis du certificat d'études primaires, institué par la loi du 28 mars 1882, peuvent être employés à partir de l'âge de 12 ans. — Aucun enfant de moins de treize ans ne pourra être admis au travail dans les établissements ci-dessus visés, s'il n'est muni d'un certificat d'aptitude physique délivré, à titre gratuit, par l'un des

médecins chargés de la surveillance du premier âge ou l'un des médecins inspecteurs des écoles, ou tout autre médecin chargé d'un service public, désigné par le préfet. Cet examen sera contradictoire si les parents le réclament. — Les inspecteurs du travail pourront toujours requérir un examen médical de tous les enfants au-dessous de seize ans, déjà admis dans les établissements sus-visés, à l'effet de constater si le travail dont ils sont chargés excède leurs forces. Dans ce cas, les inspecteurs auront le droit d'exiger leur renvoi de l'établissement, sur l'avis conforme de l'un des médecins désignés au § 3 du présent article et après examen contradictoire, si les parents le réclament. — Dans les orphelinats et institutions de bienfaisance, visés à l'article 1er, et dans lesquels l'instruction primaire est donnée, l'enseignement manuel ou professionnel, pour les enfants âgés de moins de treize ans, sauf pour les enfants de douze ans munis du certificat d'études primaires, ne pourra pas dépasser trois heures par jour.

3. Les enfants de l'un et de l'autre sexe, âgés de moins de seize ans, ne peuvent être employés à un travail effectif de plus de dix heures par jour. — Les jeunes ouvriers ou ouvrières de seize à dix-huit ans ne peuvent être employés à un travail effectif de plus de soixante heures par semaine, sans que le travail journalier puisse excéder onze heures. — Les filles, au-dessus de dix-huit ans, et les femmes, ne peu-

vent être employées à un travail effectif de plus de onze heures par jour. — Les heures de travail ci-dessus indiquées seront coupées par un ou plusieurs repos dont la durée totale ne pourra être inférieure à une heure et pendant lesquels le travail sera interdit.

4. Les enfants âgés de moins de dix-huit ans, les filles mineures et les femmes, ne peuvent être employés à aucun travail de nuit dans les établissements énumérés à l'article 1er — Tout travail entre neuf heures du soir et cinq heures du matin est considéré comme travail de nuit ; toutefois, le travail sera autorisé, de quatre heures du matin à dix heures du soir, quand il sera réparti entre deux postes d'ouvriers ne travaillant pas plus de neuf heures chacun. — Le travail de chaque équipe sera coupé par un repos de une heure au moins. — Il sera accordé, pour les femmes et les filles âgées de plus de dix-huit ans, à certaines industries qui seront déterminées par un règlement d'administration publique et dans les conditions d'application qui seront précisées par le dit règlement, la faculté de prolonger le travail jusqu'à onze heures du soir, à certaines époques de l'année, pendant une durée totale qui ne dépassera pas soixante jours. En aucun cas, la journée de travail ne pourra être prolongée au-delà de douze heures. — Il sera accordé à certaines industries, déterminées par un règlement d'administra-

tion publique, l'autorisation de déroger d'une façon permanente aux dispositions des paragraphes 1 et 2 du présent article, mais sans que le travail puisse, en aucun cas, dépasser sept heures par vingt-quatre heures. — Le même règlement pourra autoriser, pour certaines industries, une dérogation temporaire aux dispositions précitées. — En outre, en cas de chômage, résultant d'une interruption accidentelle ou de force majeure, l'interdiction ci-dessus peut, dans n'importe quelle industrie, être temporairement levée par l'inspecteur, pour un délai déterminé.

5. Les enfants âgés de moins de dix-huit ans et les femmes de tout âge ne peuvent être employés dans les établissements énumérés à l'article 1er, plus de six jours par semaine ni les jours de fêtes reconnus par la loi, même pour rangement d'atelier. — Une affiche apposée dans les ateliers indiquera le jour adopté pour le repos hebdomadaire.

7. L'obligation du repos hebdomadaire et les restrictions relatives à la durée du travail peuvent être temporairement levées par l'inspecteur divisionnaire pour les travailleurs visés à l'article 5, pour certaines industries, à désigner par le règlement d'administration publique.

10. Les maires sont tenus de délivrer gratuitement aux père, mère, tuteur ou patron, un livret sur lequel sont portés les noms et prénoms des enfants des deux sexes âgés de moins de dix-huit ans, la date, le

lieu de leur naissance et leur domicile. — Si l'enfant a moins de 13 ans, le brevet devra mentionner qu'il est muni du certificat d'études primaires institué par la loi du 28 mars 1882. — Les chefs d'industrie ou patrons inscriront sur le livret la date de l'entrée dans l'atelier et celle de la sortie. Ils devront également tenir un registre sur lequel seront mentionnées toutes les indications insérées au présent article.

11. Les patrons ou chefs d'industrie et loueurs de force motrice sont tenus de faire afficher dans chaque atelier les dispositions de la présente loi, les règlements d'administration publique relatifs à son exécution et concernant plus spécialement leur industrie, ainsi que les adresses et les noms des inspecteurs de la circonspection. — Ils afficheront également les heures auxquelles commencera et finira le travail, ainsi que les heures et la durée des repos. Un duplicata de cette affiche sera envoyé à l'inspecteur, un autre sera déposé à la mairie. — L'organisation de relais, qui aurait pour effet de prolonger au-delà de la limite légale la durée de la journée de travail, est interdite pour les personnes protégées par la présente loi. — Dans toutes les salles de travail des ouvroirs, orphelinats, ateliers de charité ou de bienfaisance, dépendant des établissements religieux ou laïques, sera placé d'une façon permanente un tableau indiquant, en caractères facilement lisibles,

les conditions du travail des enfants telles qu'elles résultent des articles 2, 3, 4 et 5 et déterminant l'emploi de la journée, c'est-à-dire les heures du travail manuel, du repos, de l'étude et des repas. Ce tableau sera visé par l'inspecteur et revêtu de sa signature. Un état nominatif complet des enfants élevés dans les établissements ci-dessus désignés, indiquant leurs noms et prénoms, la date et le lieu de leur naissance, et certifié conforme par les directeurs de ces établissements, sera remis tous les trois mois à l'inspecteur et fera mention de toutes les mutations survenues depuis le dernier état.

12. Les différents genres de travail présentant des causes de danger, ou excédant les forces, ou dangereux pour la moralité, qui seront interdits aux femmes, filles et enfants, seront déterminés par des règlements d'administration publique.

13. Les femmes, filles et enfants ne peuvent être employés dans les établissements insalubres ou dangereux, où l'ouvrier est exposé à des émanations préjudiciables à sa santé, que sous les conditions spéciales déterminées par des règlements d'administration publique pour chacune de ces catégories de travailleurs.

14. Les établissements visés dans l'article 1er et leurs dépendances doivent être tenus dans un état constant de propreté, convenablement éclairés et ventilés. Ils doivent présenter toutes les conditions

de sécurité et de salubrité nécessaires à la santé du personnel.

Dans tout établissement contenant des appareils mécaniques, les roues, les courroies, les engrenages ou tout autre organe pouvant offrir une cause de danger seront séparés des ouvriers de telle manière que l'approche n'en soit possible que pour les besoins du service. — Les puits, trappes et ouvertures de descente doivent être clôturés.

15. Tout accident ayant occasionné une blessure à un ou plusieurs ouvriers, survenu dans un des établissements mentionnés à l'article 1er, sera l'objet d'une déclaration par le chef de l'entreprise ou, à son défaut et en son absence, par son préposé. — Cette déclaration contiendra le nom et l'adresse des témoins de l'accident ; elle sera faite dans les quarante-huit heures au maire de la commune, qui en dressera procès-verbal dans la forme à déterminer par un règlement d'administration publique. A cette déclaration sera joint, produit par le patron, un certificat du médecin indiquant l'état du blessé, les suites probables de l'accident et l'époque à laquelle il sera possible d'en connaître le résultat définitif. — Récépissé de la déclaration et du certificat médical sera remis, séance tenante, au déposant. — Avis de l'accident est donné immédiatement par le maire à l'inspecteur divisionnaire ou départemental.

16. Les patrons ou chefs d'établissements doivent,

en outre, veiller au maintien des bonnes mœurs et à l'observation de la décence publique.

Inspection.

17. Les inspecteurs du travail sont chargés d'assurer l'exécution de la présente loi et de la loi du 9 septembre 1848. — Ils sont en outre chargés, concuremment avec les commissaires de police, de l'exécution de la loi du 7 décembre 1874, relative à la protection des enfants employés dans les professions ambulantes. — Toutefois, en ce qui concerne les exploitations de mines, minières et carrières, l'exécution de la loi est exclusivement confiée aux ingénieurs et contrôleurs des mines qui, pour ce service, sont placés sous l'autorité du ministre du commerce et de l'industrie.

18. Les inspecteurs du travail sont nommés par le ministre du commerce et de l'industrie. Ce service comprendra :

1° Des inspecteurs divisionnaires ;

2° Des inspecteurs ou inspectrices départementaux. Un décret rendu, après avis du comité des arts et manufactures et de la commission supérieure du travail ci-dessous instituée, déterminera les départements dans lesquels il y aura lieu de créer des inspecteurs départementaux ; il fixera le nombre, le traitement et les frais de tournées de ces inspecteurs.

Les inspecteurs ou inspectrices départementaux sont placés sous l'autorité de l'inspecteur divisionnaire. — Les inspecteurs du travail prêtent serment de ne point révéler les secrets de fabrication et, en général, les procédés d'exploitation dont ils pourraient prendre connaissance dans l'exercice de leurs fonctions. Toute violation de ce serment est punie, conformément à l'article 378 du code pénal.

20. Les inspecteurs et inspectrices ont entrée dans tous les établissements visés par l'article 1er; ils peuvent se faire représenter le registre prescrit par l'article 10, les livrets, les règlements intérieurs et, s'il y a lieu, le certificat d'aptitude mentionné à l'article 2. Les contraventions sont constatées par les procès-verbaux des inspecteurs et inspectrices qui font foi jusqu'à preuve contraire. — Ces procès-verbaux sont dressés en double exemplaire, dont l'un est envoyé au préfet du département et l'autre déposé au parquet. — Les dispositions ci-dessus ne dérogent pas aux règles du droit commun, quant à la constatation et à la poursuite des infractions à la présente loi.

21. Les inspecteurs ont pour mission, en dehors de la surveillance qui leur est confiée, d'établir la statistique des conditions du travail industriel dans la région qu'ils sont chargés de surveiller.

Pénalités.

26. Les manufacturiers, directeurs ou gérants d'établissements visés dans la présente loi, qui auront contrevenu aux prescriptions de ladite loi et des règlements d'administration publique relatifs à son exécution, seront poursuivis devant le tribunal de simple police et passibles d'une amende de 5 à 15 francs. — L'amende sera appliquée autant de fois qu'il y aura de personnes employées dans des conditions contraires à la présente loi. — Toutefois, la peine ne sera pas applicable si l'infraction à la loi a été le résultat d'une erreur provenant de la production d'actes de naissance, livrets ou certificats contenant de fausses énonciations ou délivrés pour une autre personne. Les chefs d'industrie seront civilement responsables des condamnations prononcées contre leurs directeurs ou gérants.

27. En cas de récidive, le contrevenant sera poursuivi devant le tribunal correctionnel et puni d'une amende de 16 à 100 francs. — Il y a récidive lorsque, dans les douze mois antérieurs au fait poursuivi, le contrevenant a déjà subi une condamnation pour une contravention identique. — En cas de pluralité de contraventions entraînant ces peines de la récidive, l'amende sera appliquée autant de fois qu'il aura été relevé de nouvelles contraventions. — Les tribunaux correctionnels pourront appliquer les dis-

positions de l'article 463 du code pénal sur les circonstances atténuantes, sans qu'en aucun cas, l'amende, pour chaque contravention, puisse être inférieure à cinq francs.

L'affichage du jugement peut, suivant les circonstances et en cas de récidive seulement, être ordonné par le tribunal de police correctionnelle. Le tribunal peut également ordonner, dans le même cas, l'insertion du jugement aux frais du contrevenant dans un ou plusieurs journaux du département.

29. Est puni d'une amende de 100 à 500 francs quiconque aura mis obstacle à l'accomplissement des devoirs d'un inspecteur. En cas de récidive l'amende sera portée de 500 à 1 000 francs. L'article 463 du Code pénal est applicable aux condamnations prononcées en vertu de cet article.

Cette loi du 2 novembre 1892 laissait à l'administration publique le soin de compléter par des règlements certains articles sus-énoncés; différents décrets ont été rendus pour établir la nomenclature des industries qui sont admises à bénéficier des tolérances prévues par la loi.

Pour l'industrie du vêtement, qui seule nous intéresse, c'est le décret du 26 juillet 1895, modifiant celui du 15 juillet 1893, dont nous aurons uniquement à nous occuper.

Voici la teneur des articles de ce décret se rapportant à notre étude :

Article 1er. — Les articles, 1, 3, 5 et 6 du décret du 15 juillet 1893 sont modifiés ainsi qu'il suit :

Article 1er. — Dans les industries ci-après déterminées, les femmes et les filles âgées de plus de 18 ans, pourront être employées jusqu'à onze heures du soir à certaines époques de l'année et pendant une durée totale qui ne dépassera pas soixante jours par an, sans que, en aucun cas, la durée du travail effectif puisse dépasser douze heures par vingt-quatre heures :

Broderie et passementerie pour confections.

Confections, coutures et lingeries pour femmes et enfants.

Confections en fourrures.

Pliage et encartonnage des rubans.

Article 5. — Les industries, pour lesquelles l'obligation du repos hebdomadaire et les restrictions relatives à la durée de travail pourront être temporairement levées par l'inspecteur divisionnaire pour les enfants âgés de moins de 18 ans et les femmes de tout âge, sont les suivantes :

Broderie et passementerie pour confections.

Confection de chapeaux en toutes matières pour hommes ou femmes.

Confection de corsets.

Confections, coutures et lingeries pour femmes et enfants.

Confections pour hommes.

Confections en fourrures.

Article 6. — Les chefs des industries autorisées à prolonger le travail jusqu'à onze heures du soir en vertu de l'article 1er devront prévenir l'inspecteur ou l'inspectrice chaque fois qu'ils voudront faire usage de ces autorisations.

L'avis sera donné par l'envoi, avant le commencement du travail exceptionnel, d'une carte postale, d'une lettre sous enveloppe, ou d'un télégramme, de façon que le timbre de la poste fasse foi de la date du dit avis. Une copie de l'avis sera immédiatement affichée dans un endroit apparent des ateliers et y restera apposée pendant toute la durée de la dérogation. Dans les cas prévus à l'article 5, une copie de l'autorisation sera également affichée.

Article 2. — Le ministre du commerce, de l'industrie, des postes et télégraphes est chargé de l'exécution du présent décret, qui sera inséré au bulletin des lois et publié au *Journal Officiel* de la République française.

Voici donc quelles sont actuellement les bases de la législation française dans l'industrie du vêtement : 1° Loi du 2 novembre 1892; 2° Décret du 26 juillet 1895.

Nous allons maintenant revoir chaque article pour nous rendre compte du degré de protection accordé aux femmes et aux enfants dans l'industrie qui nous occupe.

L'article 1er de la loi du 2 novembre 1892 détermine tout d'abord quels seront les genres d'ateliers dans lesquels la femme et l'enfant seront protégés. Les ateliers patronaux et leurs dépendances rentrent dans cette catégorie ; le nombre d'ouvrières employées n'importe plus et il suffit d'une apprentie pour que la loi puisse s'appliquer.

Mais, dans notre étude descriptive de l'industrie du vêtement, nous avons vu qu'une grande quantité d'ouvrières, pour ne pas dire la grande majorité, recevaient de l'ouvrage d'un entrepreneur et travaillaient chez elles sans l'aide d'aucune ouvrière ; pour cette catégorie de travailleuses, la loi n'accorde aucune protection.

L'article 1er, dans son troisième paragraphe, est formel, les travaux effectués dans les établissements où ne sont employés que les membres de la famille sous l'autorité soit du père, soit de la mère, soit du tuteur, sont exceptés.

Le paragraphe 4 vient bien modifier cette exception pour le cas où le travail est effectué à l'aide d'une chaudière à vapeur ou d'un moteur mécanique ou bien encore si l'industrie exercée est classée au nombre des établissements dangereux ou insalubres, mais il n'y a rien de semblable pour l'industrie qui nous occupe.

Donc tous les maux que nous avons trouvés dans l'industrie à domicile n'auront pas de remèdes.

Le législateur, craignant de s'ingérer dans les affaires personnelles des ouvriers, a posé ce principe dans l'article 1er et il n'y reviendra pas. Il respectera la liberté individuelle et c'est dans ce respect, qui va jusqu'à l'indifférence, qu'il faut voir une des principales causes des nombreuses misères qui pèsent sur l'ouvrière à domicile.

Quand nous étudierons les législations étrangères et les tentatives faites par l'initiative privée, nous retrouverons cette question et nous pourrons nous rendre compte que quelques législateurs ont été moins timides que le législateur français et qu'ils ne se sont pas désintéressés de cette question.

L'article 2 détermine l'âge d'admission des enfants dans les ateliers. L'âge fixé est treize ans et la limite est abaissée à douze ans pour les enfants ayant obtenu leur certificat d'études primaires. Les orphelinats et établissements de bienfaisance ne doivent faire donner l'enseignement manuel ou professionnel aux enfants n'ayant pas cet âge, que pendant trois heures par jour. On a fixé l'âge de treize ans parce qu'il correspond à l'âge où l'enseignement cesse d'être obligatoire pour l'enfant. Nous ne voulons pas examiner si cet âge est assez élevé pour permettre à la jeune fille qu'on peut encore appeler une enfant, d'aller travailler dix heures par jour à l'atelier, nous nous contenterons seulement de voir comment cet article est appliqué.

L'instruction est obligatoire, paraît-il, jusqu'à l'âge de treize ans, ou tout au moins jusqu'à l'obtention du certificat d'études primaires. Si cela était, il est certain que l'enfant, forcé d'aller à l'école, ne pourrait fréquenter un atelier ; mais, en fait, il en est tout autrement : à Paris, et c'est là ce qui nous intéresse plus particulièrement, puisque Paris est le centre de l'industrie du vêtement, le nombre des enfants dépasse de beaucoup le nombre de places disponibles dans les écoles. Dans ces conditions, il arrive que, par la force des choses, l'instruction, qui devrait être obligatoire, devient forcément facultative. Aussi qu'arrive-t-il? L'enfant n'allant pas à l'école ira à l'atelier. Supposons que, par crainte de l'inspecteur, les grands ateliers refusent d'admettre les jeunes enfants, cela n'empêchera pas à l'enfant de trouver du travail, et quel travail, dans de nombreuses maisons ; dans toutes les rues et presque les unes sur les autres, nous trouvons de petites couturières de quartier. Elles n'ont pas d'enseigne et travaillent pour un petit noyau de clientes du quartier. Le fisc n'atteint pas les couturières travaillant seules, et elles évitent la patente en ne prenant pas d'ouvrières avec elles. Non seulement la patente est ainsi évitée, mais aussi l'inspection, car, bien que presque toutes les couturières de cette catégorie emploient des enfants comme apprenties, elles n'en sont pas moins considérées comme travaillant dans un atelier de famille, exempt de la visite des inspecteurs du travail, car les enfants qu'elles emploient sont, d'après elles, des domestiques que la loi ne protège pas. Si l'enfant, qui ne fréquente pas l'école, n'est pas employé chez une de ces petites couturières, son sort pour cela n'en est pas amélioré, il travaillera chez ses parents. Le législateur a pensé que, dans sa famille, l'enfant serait suffisamment protégé par l'affection des siens et qu'il n'y avait pas, pour l'Etat, besoin de s'ingérer dans les ateliers de famille. Bien d'autres considérations sont encore venues renforcer cette première raison, qui, trop souvent, n'est qu'une hypothèse, car, comme nous l'avons vu, c'est souvent dans l'atelier de famille que l'enfant est le plus à plaindre. C'est là que nous trouvons ces pauvres enfants anémiés et vieillots avant l'âge, dont la croissance a été comprimée et dont la courte existence se ressentira toujours d'une jeunesse malheureuse. Les mères trouvent dans leur misère une excuse du martyre de leurs enfants, mais y a-t-il une excuse possible à ces pénibles travaux qui tuent aussi sûrement l'enfant que le manque de pain?

L'article 3 détermine le nombre d'heures de travail permises pour les femmes, filles mineures et enfants. De treize à seize ans, les enfants ne pourront être employés plus de dix heures par jour. De seize à dix-huit ans, le travail hebdomadaire reste de soixante heures, mais le travail journalier peut atteindre onze heures. Les femmes et les filles ne peuvent être employées plus de onze heures par jour, mais elles peuvent être employées constamment onze heures, ce qui fait un travail hebdomadaire de soixante-six heures. Ces heures de travail doivent être coupées par un ou plusieurs repos dont la durée ne pourra être inférieure à une heure. Il serait à souhaiter que le législateur français ait abaissé le travail des enfants à moins de dix heures par jour. Un travail de dix heures devrait être le grand maximum qui pût être demandé à un adulte et même, à notre avis, il devrait être réduit à neuf heures pour la femme, quel que soit son âge. Quant à l'enfant de treize ans, un travail de huit heures par jour serait grandement suffisant. Mais cette limite déjà trop élevée, à notre avis, de la durée du travail, est encore dépassée, de deux façons, par les chefs d'ateliers de l'industrie du vêtement. L'article 4, auquel nous arrivons, va nous donner le moyen légal d'accroître la durée du travail, mais seulement pour les femmes de plus de dix-huit ans ; un autre moyen, assez répandu dans les ateliers de couture, c'est de faire travailler les ouvrières suivant les besoins de la commande, sans plus s'occuper de la loi de 1892 et des inspecteurs du travail que si jamais ils n'avaient existé. Le moyen est radical et, au premier abord, paraît devoir entraîner pour le chef d'atelier qui l'emploie, certaines déconvenues causées par cela même qu'il dédaigne et qui, en premier lieu, pourraient se traduire par de nombreuses amendes. Cela est vrai, mais nous verrons, en étudiant les articles relatifs à l'inspection, qu'il est assez facile de se mettre à l'abri de la visite des inspecteurs et de tourner la loi.

L'article 4, avons-nous dit, donne le moyen légal de prolonger la durée du travail des femmes et filles âgées de plus de dix-huit ans. Le premier paragraphe de cet article pose ce principe, que les femmes filles mineures et enfants de moins de dix-huit ans ne doivent être employés à aucun travail de nuit, mais les paragraphes suivants viennent immédiatement le détruire.

Le travail, compris entre 9 heures du soir et 5 heures du matin, est considéré comme travail de nuit, toutefois le travail est autorisé de 4 heures du matin à dix heures du soir quand il est réparti entre deux équipes. Dans les ateliers de couture, cette latitude est inutile car le travail commencé par une ouvrière ne peut être continué par une autre. Le système des deux équipes entraînerait les chefs d'ateliers à employer des ouvrières médiocres, ce qui est incompatible avec le côté artistique du travail des maisons de grande couture. Pour les autres, les frais généraux deviendraient trop élevés, aussi ne voyons-nous pas une maison où ce système des deux équipes soit employé.

Le paragraphe 4 vient apporter une modification considérable au principe de l'interdiction du travail de nuit. C'est lui qui permet les veillées se prolongeant jusqu'à 11 heures pour les femmes et filles de plus de dix-huit ans. L'industrie du vêtement a été comprise dans les industries pouvant bénéficier de cette prolongation de travail par les décrets des 15 juillet 1893 et 26 juillet 1895. Nous avons déjà insisté assez longuement dans la première partie de notre étude sur les dangers considérables causés à l'ouvrière par la veillée. Nous avons vu qu'au point de vue hygiénique et moral les conséquences en sont désastreuses, mais nous ne saurions trop appuyer sur un état de choses déplorable pour l'ouvrière et en réalité peu productif ou, tout au moins, peu satisfaisant pour le patron.

Nous ne reviendrons pas sur l'étude des veillées au point de vue de l'hygiène de l'ouvrière, mais il nous faut expliquer comment la veillée est peu productive ou, tout au moins, peu satisfaisante pour les patrons.

Interrogez cinquante couturiers sur les veillées, quarante-neuf au moins vous répondront que la veillée est déplorable, que les ouvrières font moitié moins de travail que dans le jour et que, de plus, ce travail est gâché ; aussi s'il n'y avait pas la concurrence à craindre, il y aurait intérêt à supprimer les veillées. On doit se demander si toutes ces réponses sont bien sincères et, malheureusement, il faut lire entre les lignes et de la part de beaucoup de patrons voir dans ces doléances un désir peu dissimulé de continuer l'état de choses actuel.

M. de Mun, lors de la discussion de la loi de 1892, répondit à M. Deloncle qui prétendait que les longues journées de travail correspondaient à des coups de feu, une phrase qui est encore souvent vraie avec la législation actuelle : « M. Deloncle, voulez-vous me permettre de répondre à votre coup de feu. Dans l'atelier où le fait que j'indique s'est produit (1), il s'agissait de confectionner un corsage qui devait être livré le matin à 9 heures; c'était le coup de feu qui légitimait ce travail excessif; eh bien, le lendemain, à 7 heures et demie du soir, le corsage était encore sur la table de l'atelier, ni plié, ni expédié, ni même enveloppé. »

Ici, véritablement, il y a abus et nous devons rechercher à qui il incombe. L'abus vient d'abord du patron qui ne surveille pas assez ses premières et surtout des premières qui vont au-devant des désirs de la clientèle pour fixer un essayage à bref délai. Le moindre désir de la cliente est accepté par la première, quitte à faire travailler l'atelier toute la nuit, alors qu'il suffirait de reculer d'un jour l'essayage,

(1) Il s'agissait d'une journée de 28 heures de travail consécutif.

ce qu'un grand nombre de clientes accepteraient. Nous devons cependant, pour rendre hommage à la vérité, constater que celles qui font travailler deviennent assez sonvent la cause de travaux pénibles pour celles qui travaillent. Aujourd'hui, dans le très grand monde comme du reste dans le demi-monde, qui n'est souvent que la parodie du premier, il est devenu de mode de commander ses toilettes à la dernière minute. Une robe de soirée arrivée à 8 heures du soir serait déjà une vieille robe pour celle qui doit la mettre à 11 heures.

Le comble de l'élégance, le suprême du chic, c'est d'être en tête à tête avec la première du grand couturier, un quart d'heure avant d'entrer dans la soirée où, suivant l'expression consacrée, la ravissante toilette de Madame X... a été fort admirée. La robe est à peine finie et, en certains endroits retouchés, ne tient que par des épingles, mais l'art des épingles est très admiré de la parisienne. Ce sont là des habitudes fort préjudiciables aux ouvrières et qu'il faudrait changer, mais la loi est impuissante vis-à-vis du client. Cependant, nous le répétons, c'est à la coupable complaisance des premières qu'il faut attribuer cette habitude qui, peu à peu s'est implantée chez nous. Or, pour le cas ou il y a abus soit de la part du patron, soit de la part de ses employées, le devoir de la loi est d'y pourvoir et d'y couper court.

Quelles sont les mesures prises par le législateur français pour réglementer ces veillées ? La loi de 1892 permet les veillées à certaines époques de l'année pendant une durée totale qui ne dépassera pas soixante jours et à la condition qu'en aucun cas le travail effectif ne pourra être prolongé au delà de douze heures. Le décret du 26 juillet 1895, modifiant sur ce point celui du 15 juillet 1893, permet aux chefs d'ateliers de prendre les soixante jours de veillées, auxquels ils ont droit, aux époques qui leur conviendront le mieux, à la seule condition d'envoyer un avis de la veillée à l'inspecteur ou à l'inspectrice du travail, avant le commencement du travail exceptionnel, par carte postale, télégramme ou lettre sous enveloppe, afin que le timbre de la poste fasse foi de la date du dit avis. Ce décret maintient la clause de la durée du travail effectif ne dépassant pas douze heures, ainsi du reste qu'une lettre ministérielle du 21 juin 1897, ainsi conçue : « Les dispositions de l'article 1er du décret du 26 juillet 1895 sont formelles. Elles ne permettent pour l'industrie de la couture l'emploi des femmes et des filles âgées de plus de dix-huit ans que jusqu'à onze heures du soir pendant soixante jours par an et encore à la condition expresse que la durée du travail effectif ne dépasse pas douze heures par vingt-quatre heures. Les maisons de deuil, qui sont comprises dans l'industrie de la confection, doivent être, et sont en général, par cela même qu'elles sont le plus souvent exposées à des demandes urgentes, organisées de façon à pouvoir y répondre sans contrevenir aux règlements ». Donc, en cas de veillée, la loi ne permet pas plus de douze heures de travail, bien que le travail puisse être continué jusqu'à onze heures du soir, et c'est à notre avis un contre-sens énorme.

Nous avons montré l'impossibilité matérielle dans laquelle se trouvaient les patrons de faire travailler à la même toilette par deux ouvrières et nous avons fait voir l'impraticabilité des deux équipes successives, aussi faut-il se convaincre que le droit à la veillée est accordé pour une seule équipe d'ouvrières. Alors, que va-t-il arriver? Dans certains ateliers l'ouvrière arrive à huit heures, dans d'autres à neuf heures; jusqu'à onze heures du soir, cela fait, en enlevant l'heure accordée pour le déjeuner, quatorze ou treize heures de travail. Qu'on le veuille ou non, que les circulaires ministérielles affluent ou se fassent rares, on n'empêchera pas les chefs d'ateliers de faire travailler l'ouvrière pendant tout le temps qu'elle sera à l'atelier. Et cependant, longtemps les patrons se sont plaints de cette restriction limitant le travail à douze heures qui, d'après eux, leur enlevait d'une main ce que l'autre leur accordait, mais, peu à peu, les plaintes se sont calmées. Faut-il comprendre par là que les chefs d'ateliers ont accepté de ne faire travailler que douze heures ou bien faut-il croire qu'ils ont appris à se débarrasser de la loi? Suivant les maisons, c'est l'une ou l'autre des deux hypothèses qui est la vraie. Les autres paragraphes du présent article n'ont rien de commun avec l'industrie du vêtement et nous allons passer à l'article 5 qui va nous mettre en présence de la question intéressante du repos hebdomadaire.

Une loi du 18 novembre 1814 interdisait le travail pendant les dimanches et jours de fêtes religieuses reconnues par la loi.

La loi de 1874 interdisait d'employer à aucun travail les enfants âgés de moins de seize ans et les filles âgées de moins de vingt et un ans les dimanches et fêtes reconnues.

Une loi du 12 juillet 1880 est venue abolir purement et simplement la loi de 1814, mais en maintenant le repos du dimanche et des fêtes reconnues pour les protégés de la loi de 1874.

Le rapporteur de la loi de 1892, afin de « respecter la liberté de conscience de chacun » et de ne pas se mettre en contradiction avec la loi du 12 juillet 1880, a demandé de limiter à six jours par semaine le travail des enfants et des femmes, sans indiquer quel devrait être le jour de repos.

C'est, du reste, ce que consacre l'article 5, en ajoutant cependant une autre restriction pour les fêtes reconnues par la loi.

Si nous examinons de près cet article, que voyons-nous? Ce simple fait que, sous prétexte de respecter la liberté de conscience de chacun, on la viole manifestement, en ajoutant encore à cela la dissociation de la famille. En effet, qu'est-ce que respecter la liberté de conscience? C'est respecter la croyance de chacun et permettre à toute personne de pratiquer la religion de son choix. Or, qu'arrive-t-il avec cette faculté pour le patron de fixer à son choix le jour de repos hebdomadaire ? Tout simplement ceci, c'est que le patron est maître de permettre ou non à ses ouvrières de pratiquer leur religion. A notre avis, c'est là un fait déplorable. Nous ne voulons pas ici nous lancer dans une polémique religieuse, mais nous trouvons que la suppression du repos dominical pour le transformer en repos hebdomadaire est des plus regrettables. Notre pensée n'est pas de forcer ni même d'engager l'ouvrière à aller à la messe ; ceci est affaire entre elle et sa conscience ; ce que nous voudrions seulement, c'est qu'il fût possible à l'ouvrière qui a conservé les anciennes croyances familiales, ce qui, soit dit en passant, ne nous paraît pas un crime, de pouvoir fréquenter l'église, si bon lui semble. Ce n'est pas, nous le répétons, parce que le jour de repos sera le dimanche, que la voisine de cette ouvrière sera obligée de suivre son exemple, mais, d'après nous, respecter la liberté de conscience de chacun, cela ne veut pas dire enlever la possibilité d'assister aux offices religieux.

Une autre conséquence de la suppression du repos dominical est, avons-nous dit, la dissociation de la famille. En effet, souvent dans une même famille d'ouvriers, il n'y a pas deux ouvriers travaillant dans le même atelier. Le matin, chacun part à son travail, emportant son déjeuner, et ne rentre souvent que le soir fort tard. La vie de famille serait ainsi totalement supprimée si, le dimanche, le père, la mère et les enfants ne se trouvaient réunis autour de la table familiale. En supprimant le repos dominical et en le remplaçant par le repos hebdomadaire, nous pouvons arriver à trouver dans la famille un jour de repos différent pour chacun des individus qui la composent. Avec le repos du dimanche, nous étions sûrs de rendre possible la réunion de la famille une fois par semaine.

De plus, l'article 5 de la loi de 1892, en ordonnant le repos des fêtes reconnues et en n'ordonnant pas le repos du dimanche, arrive à des conséquences plutôt singulières. Il pourra se faire qu'une ouvrière n'ait pas congé le jour de Pâques ou de la Pentecôte parce que ces fêtes tombent un dimanche et que le lundi de Pâques et de la Pentecôte elle ait sa journée libre, parce que c'est une fête légale.

Un procédé, fort usité avant les lois de protection ouvrière, consistait à faire venir les ouvrières à l'atelier le dimanche matin et à faire procéder au rangement et au nettoyage de l'atelier ; c'était, dans les cas de presse, une façon déguisée de faire travailler le jour de repos ; la loi de 1892 a prévu ce cas et l'a formellement interdit. Est-ce à dire pour cela qu'il n'y ait jamais de travail pour l'ouvrière le jour de repos? Evidemment non, car, comme pour les veillées, il y a façon de tourner la loi. En cas de presse, le chef d'atelier peu consciencieux trouve toujours moyen de faire travailler aussi longtemps qu'il le désire et cela, malgré l'inspecteur. Un procédé fort employé encore aujourd'hui, c'est de donner le samedi soir aux ouvrières un travail, presque terminé, qu'elles doivent finir et reporter aux clientes le dimanche.

Faire et défaire, c'est toujours travailler, dit un vieux proverbe, mais cela est fort regrettable en matière législative. Une loi est, en elle-même, bonne ou mauvaise, mais quand, dans une loi, un ou plusieurs articles viennent détruire le principe même de cette loi, on est certain d'avance qu'elle sera mauvaise ; or, c'est précisément le cas de la loi de 1892. Nous avons vu que le principe de cette loi était la suppression du travail de nuit pour les femmes et les enfants et la prohibition du travail à l'atelier d'un jour sur sept. Aussitôt après l'énoncé de ce principe, on s'empresse, du reste, d'y déroger par la veillée. On pourrait croire que le législateur va s'en tenir aux soixante jours de veillée permise et que, le reste du temps, le maximum de travail sera de onze heures par jour pour la femme de plus de 18 ans, mais c'est une erreur : l'article 7 vient totalement à l'encontre de ce principe.

L'inspecteur divisionnaire pourra, dans l'industrie du vêtement, supprimer les restrictions relatives à la durée du travail. Régulièrement, cette permission ne peut être accordée que temporairement, mais c'est là un mot bien élastique. Grâce à cela, si l'on ne veille pas pendant plus de soixante jours, on pourra cependant faire travailler assez souvent les ouvrières douze heures par jour. Quant au repos hebdomadaire, il dépend également de la volonté de l'inspecteur. C'est, à notre avis, laisser à l'administration une trop grande initiative.

Une lettre ministérielle du 21 juin 1897, que nous avons citée, défend aux inspecteurs d'autoriser la veillée jusqu'à onze heures, pendant plus de soixante jours par an, mais, permettre un travail de douze heures finissant à neuf heures du soir, n'est-ce pas, quoi qu'on puisse dire, une autre forme de la veillée ?

L'article 4 de la loi de 1892 a autorisé la veillée durant soixante jours avec limite à onze heures du soir et maximum de douze heures de travail et il a laissé à l'administration publique le soin de désigner les industries qui pourraient bénéficier de cette faveur. Le décret de 1895 a placé la couture et la confection pour femmes et enfants au nombre de ces industries. Donc, cela devient un droit formel, pour le chef d'atelier de couture, de faire veiller à telle époque qu'il voudra pendant soixante jours par an, sans qu'il ait besoin de demander d'autorisation. La formalité de prévenir l'inspecteur du jour de veillée ne sert que pour le contrôle. Or, l'article 7 de la loi de 1892 permet à l'inspecteur divisionnaire de lever les restrictions relatives à la durée du travail. Cet article vient donc s'ajouter à l'article 4 et ne fait pas double emploi avec lui, puisque l'autorisation n'est pas nécessaire pendant soixante jours par an. Il y avait possibilité de faire accorder les deux articles 4 et 7, puisque chacun d'eux prévoyait une désignation des industries susceptibles de dispense; il suffisait de ne pas faire figurer, au nombre des industries visées par l'article 7, les industries déjà autorisées à profiter de la veillée pendant soixante jours; mais, comme l'industrie de la couture figure aux deux articles, il faut accepter, comme interprétation littérale de la loi, la possibilité pour l'inspecteur d'autoriser les chefs d'atelier de couture à prolonger les heures de travail pendant un nombre de journées supérieur à soixante par an. La seule limite que ne puisse dépasser l'inspecteur, et encore ce point nous paraît fort douteux, c'est un maximum de douze heures par jour et neuf heures du soir comme heure la plus tardive.

Il est fort regrettable que les décrets de 1893 et 1895, qui avaient pour but de rendre plus claire la loi de 1892, soient, au contraire, venus la rendre plus obscure. Le manque de clarté est une faute grave et nous pouvons constater qu'à ce point de vue, la loi de 1892 et le décret de 1895 ne sont pas venus rehausser la moyenne de la législation française.

Si nous continuons l'examen des articles qui intéressent notre étude, nous arrivons aux articles 10 et 11 qui traitent de la surveillance des enfants et prescrivent l'usage du livret pour les enfants et l'affichage de la présente loi dans les ateliers.

Avec les articles 12, 13, 14, 15 et 16, nous passons à l'hygiène et la sécurité des travailleurs, qu'une loi du 12 juin 1893 est encore venue renforcer, mais ces articles concernent surtout les ateliers industriels proprement dits et ne peuvent s'appliquer que très rarement aux ateliers de couture. Le seul article de cette section, qui soit très intéressant pour nous, est l'article 16. Les patrons ou chefs d'établissements doivent veiller au maintien des bonnes mœurs et à l'observation de la décence publique, dit cet article. Ce serait excellent si les patrons voulaient se donner la peine de surveiller leurs ateliers, mais bien peu s'en occupent, et ces prescriptions restent à l'état de pures doctrines.

Avec l'article 17, nous arrivons à l'inspection du travail. Des inspecteurs divisionnaires et des inspecteurs et inspectrices départementaux sont chargés de l'application de la présente loi.

Il n'y a pas de loi ouvrière possible sans inspecteurs pour la faire respecter, aussi l'inspection salariée est-elle excellente en soi. Quant à la mise en pratique de l'inspection, c'est autre chose. Nous ne voulons pas dire, par là, que l'inspection du travail soit totalement inefficace, mais nous devons constater que, bien souvent, elle n'atteint pas le but cherché. Les raisons de cet état de choses sont nombreuses ; la première et la plus importante des causes du peu d'efficacité de l'inspection réside dans le trop petit nombre d'inspecteurs chargés de faire respecter la loi. Les nécessités d'un budget déjà fort lourd ne permettent pas de consacrer de grosses sommes aux traitements des inspecteurs, de sorte que ce sont onze inspecteurs divisionnaires et quatre-vingt-douze inspecteurs ou inspectrices départementaux qui, d'après le décret du 13 décembre 1892, doivent suffire au service de l'inspection pour toute la France. C'est évidemment peu, pour que le service soit bien fait, et, malgré la bonne volonté des inspecteurs, les patrons d'ateliers peuvent facilement déjouer leur surveillance. Les inspecteurs peuvent à peine visiter une fois par an, et souvent même tous les deux ans seulement, les ateliers de leur circonscription et jamais ils ne peuvent faire de contre-visites qui pourtant seraient très nécessaires. Avec des visites aussi peu fréquentes, les patrons, qui veulent ne pas tenir compte de la loi, ont la partie belle. Comme l'inspecteur ne connaît que fort mal les ateliers qu'il visite, il est facile d'organiser un système de sonnerie pour prévenir de son arrivée et pour faire cesser immédiatement tout travail. Les ouvrières seront renvoyées par un escalier de service et, quand l'inspecteur pénétrera dans les ateliers, ils seront vides. Une autre façon de procéder est plus coûteuse, mais elle est aussi plus certaine de l'impunité. Certaines grandes maisons éprouvent le besoin, au moment du grand prix, ou pour d'autres solennités, de conserver leur personnel fort avant dans la nuit. Il serait dangereux, à ces moments où l'inspecteur redouble d'attention, de faire travailler, après onze heures du soir, les ouvrières dans l'atelier patronal, aussi a-t-on trouvé la combinaison de l'appartement séparé. L'inspecteur visite les ateliers, mais il ne peut entrer dans l'appartement, loué au nom d'une tierce personne, qui se trouve dans une autre partie de la maison et où, passé onze heures du soir, les ouvrières sont entassées pour continuer le travail pressé. Mais, dira-t-on, les ouvrières peuvent dénoncer ces faits à l'inspecteur qui alors s'arrangera en conséquence. C'est possible, mais cela ne sera pas, car l'ouvrière n'a pas d'intérêt direct à faire cette dénonciation. Si elle est connue, et, presque tout se sait en pareil cas, c'est la perte assurée de sa place ; or, il est difficile d'entrer dans les bonnes maisons ; l'ouvrière supportera son mal avec patience et se taira. Nous arrivons ainsi à un vice inhérent à l'inspection confiée à des personnes totalement étrangères aux ateliers. Pour que l'inspection puisse être efficace, il faudrait, en plus des inspecteurs actuels, joindre, à ce service, des ouvriers. Ceux qui travaillent dans un atelier sont seuls capables de savoir si, oui ou non, la loi y est observée. Nous savons qu'il y aurait de gros inconvénients à permettre à des ouvriers de censurer les actes des patrons, mais la réussite des lois ouvrières est à ce prix et le sort de la plus grande partie de la population mérite qu'on tente des réformes. Il serait utile, croyons-nous, que, dans chaque atelier, un ouvrier ou une ouvrière choisie par les autres travailleurs de l'atelier fût assermenté pour pouvoir déposer, entre les mains de l'inspecteur départemental, un procès-verbal relatant les faits contraires à la loi, imposés par le patron. Les patrons auraient la ressource de renvoyer les ouvriers ou ouvrières ainsi nommés, mais ils n'y auraient pas intérêt, puisque, le lendemain, d'autres les remplaceraient.

De cette façon, et de cette façon seulement, la législation du travail serait efficace.

Si nous passons aux peines encourues par les contrevenants à la présente loi, nous voyons, à l'article 26, que les manufacturiers, directeurs ou gérants d'établissement visés dans la présente loi, qui auront contrevenu aux prescriptions de la dite loi, et des règlements d'administration publique relatifs à son exécution, seront poursuivis devant le tribunal de simple police et passibles d'une amende de 5 à 15 francs. L'amende sera appliquée autant de fois qu'il y aura de personnes employées dans des conditions contraires à la présente loi.

Ces dispositions de l'article 26, sont fort mal appliquées par les juges de paix chargés de juger en ce cas. Il ressort clairement de la loi que si vingt ouvrières sont employées en contravention, l'amende ne peut être inférieure à 100 francs; or, la plupart des juges de paix se refusent à prononcer le cumul des amendes, beaucoup même s'arrogent le droit d'abaisser l'amende à 1 franc. Dans ces conditions il est souvent très avantageux pour le chef d'atelier de risquer d'être pris en contravention par l'inspecteur.

En cas de récidive, la juridiction est celle du tribunal correctionnel et l'amende peut varier de 16 à 100 francs. Les tribunaux ont le droit d'appliquer les dispositions de l'article 463 du code pénal sur les circonstances atténuantes, sans qu'en aucun cas l'amende, pour chaque contravention, puisse être inférieure à 5 francs.

Ces dispositions de la loi sont trop douces et la menace de quelques jours de prison pour le contrevenant vaudrait bien plusieurs inspecteurs. Pour la récidive surtout il serait urgent de punir de prison.

L'affichage du jugement que prévoit l'article 28 serait également efficace, mais les tribunaux se gardent bien d'y avoir recours, ainsi du reste qu'à l'insertion dans les journaux et cependant, nous sommes persuadés que ces deux mesures, sagement appliquées, produiraient un effet salutaire.

Avec l'article 29, qui punit de 100 à 500 francs d'amende quiconque aura mis obstacle à l'accomplissement des devoirs de l'inspecteur et qui, en cas de récidive, permet d'élever l'amende de 500 à 1000 francs, nous en avons fini avec l'étude de la loi du 2 novembre 1892, et des décrets s'y rapportant, puisque nous avons relié les décrets aux articles qui les prévoyaient.

De la législation française, qu'avons-nous à retenir au point de vue de la protection de l'ouvrière adulte et de la fille mineure dans l'industrie du vêtement? Différentes choses, et, en première ligne, l'absence totale de protection de la classe la plus nombreuse des ouvrières du vêtement, nous voulons parler des ouvrières à domicile. Rien dans la loi n'empêche l'ouvrière d'être exploitée par un entrepreneur d'autant plus exigeant que l'ouvrière sera plus pauvre. Rien n'empêche l'ouvrière soignant son enfant malade de travailler à un vêtement qui, servant de véhicule à la maladie, la transportera au foyer de l'acheteur. Rien enfin dans la loi ne protège l'enfant qui, dans sa famille, sera souvent employé à l'âge le plus tendre à des travaux pénibles.

Pour l'ouvrière d'atelier, il y a protection légale, mais nous avons vu que souvent cette protection était illusoire et que, même, la veillée autorisée par la loi était une lourde charge.

Le repos du dimanche nous paraissait aussi préférable au repos hebdomadaire. Quant à l'application de la loi, nous avons vu que le faible taux des amendes la rendait très difficile. Certes, nous n'avons qu'à nous louer du zèle constant des inspecteurs et inspectrices du travail, mais les conditions mêmes de l'inspection rendent ce zèle souvent inutile. Pour qu'une loi soit bien appliquée, il faut qu'elle soit acceptée par l'opinion publique, or, ce n'est pas encore le cas de notre loi de 1892. Dans ces conditions, quoi que fassent les inspecteurs, il y a toujours moyen de leur donner le change. Du reste, avec leur nombre relativement restreint, de combien d'heures par jour serait donc leur travail? Ce serait alors pour eux qu'il faudrait une loi protectrice. — Pour ces différents points que nous venons de critiquer, n'y aurait-il pas un remède? Nous le croyons et nous sommes d'autant plus fondés à le croire que nous allons trouver dans les législations étrangères, qui vont faire l'objet de notre prochain chapitre, le remède pour quelques-uns de ces maux.

TROISIÈME PARTIE

LES LÉGISLATIONS ÉTRANGÈRES

Section I. — L'Angleterre.

C'est à l'Angleterre que nous accorderons la première place dans notre étude des législations étrangères, car c'est à elle que revient l'honneur de la première réglementation du travail. Les premiers essais, tentés en ce sens, remontent au début du XIXe siècle où, grâce à l'initiative de Sir Robert Peel, une tentative de réglementation du travail des enfants fut faite. Comme pour tout ce qui concerne cette matière, les essais sont rarement satisfaisants, aussi, pour trouver une véritable législation du travail, devons-nous attendre l'act de 1833, voté sur l'initiative de Lord Althorp. Jusque-là, la protection légale n'était accordée qu'aux mineurs de 18 ans; avec la loi de 1847, nous arrivons au premier essai de protection légale de la femme de tout âge. L'act de 1847 ne s'occupait que du travail de la femme dans l'industrie textile, car c'était dans cette industrie qu'on trouvait les abus les plus scandaleux. Peu à peu, une foule d'autres industries furent ajoutées aux industries textiles et enfin, le 25 août 1867, toutes les industries furent soumises à la loi.

En cette même année, il y eut une grande innovation, ce fut la réglementation des ateliers ou workshops. Malheureusement, cette réglementation n'était pas soumise au régime de l'inspection salariée ; aussi, grâce à l'inertie et à la négligence des autorités locales chargées de le faire respecter, l'act de 1867 devait rester lettre morte jusqu'en 1871, époque à laquelle on confia le soin de son exécution aux inspecteurs des fabriques.

En 1878, toutes les mesures prises au sujet de la législation du travail furent codifiées et refondues en un act unique du 27 mai.

Des acts du 5 août 1891 et du 6 juillet 1895 forment avec l'act principal de 1878 la législation actuelle sur la protection des travailleurs.

La loi distingue en Angleterre trois sortes d'établissements industriels :

1° Les fabriques textiles,

2° Les fabriques non textiles,

3° Les ateliers ou workshops.

Par workshops, on entend les établissements ou parties d'établissements qui ne sont pas des usines dans le sens de la présente loi, où le patron a le droit d'accès et de surveillance et qui ne servent pas exclusivement à l'habitation. Un établissement à ciel ouvert peut être une usine ou un atelier.

Ceci posé, nous allons étudier dans les acts de 1878, 1891 et 1895 les articles qui concernent ces ateliers, au nombre desquels rentrent forcément les ateliers de couture et de confection.

Une des premières prescriptions de la loi anglaise s'occupe de la propreté des ateliers. Ils doivent être constamment propres et bien ventilés. Lorsqu'un inspecteur aura constaté dans un atelier, relativement aux égouts, service des eaux, latrines, dépôts d'immondices ou autres « nuisances », un fait ou une omission punissable, ou donnant lieu à une mesure coercitive, non en vertu de la présente loi, mais en vertu des lois sur la santé publique, il avisera par écrit l'autorité sanitaire du lieu, laquelle sera tenue de faire telle information et de prendre telles mesures qu'elle jugera convenables pour assurer l'observation de la loi. L'inspecteur pourra se faire assister, dans ses visites aux ateliers, par un médecin ou un inspecteur ou agent de l'autorité sanitaire.

Nous retrouvons à chaque instant dans les lois anglaises ce même souci de la propreté et de l'hygiène des ateliers et nous devons constater que c'est là une prévoyance fort utile aux travailleurs.

Les ouvriers protégés sont répartis en trois catégories : les enfants, garçons et filles de 11 à 14 ans ;

les youngs persons ou adolescents, garçons et filles de 14 à 18 ans et les femmes, comprenant les filles ou femmes de plus de 18 ans.

Dans les ateliers, les enfants ne travailleront qu'une demi-journée chaque jour, cependant, si la règle de l'établissement accorde au moins deux heures par jour pour les repas, ils pourront, sauf le samedi, travailler, de deux jours l'un, la journée entière.

La demi-journée du matin commencera à six heures ou à sept heures et finira au commencement du dîner et au plus tard à une heure de l'après-midi; la demi-journée du soir commencera à une heure de l'après-midi ou à la fin du temps du dîner et au plus tôt à midi et demi; elle finira à six heures ou à sept heures, suivant que la demi-journée du matin commencera dans l'atelier à six heures ou à sept heures.

Les enfants employés à la demi-journée ne pourront travailler deux semaines de suite le matin, ni deux semaines de suite le soir, ni travailler le samedi, aux mêmes heures que les autres jours de la même semaine. Pour les enfants employés de deux jours l'un, la journée du travail durera de six heures du matin à six heures du soir ou de sept heures du matin à sept heures du soir; le temps des repas sera de deux heures au moins et, le samedi, d'au moins une demi-heure. Les enfants ne travailleront ni deux jours de suite, ni, aux mêmes jours, deux semaines de suite.

Ces différentes règles ne permettent pas d'employer la fillette de moins de 14 ans à l'atelier de couture car, comme nous l'avons vu pour le système des relais de la loi française, il est impossible de confier un travail de couture à deux ouvrières différentes. Donc, nous ne nous étendrons pas plus longtemps sur ce sujet.

Ce qui nous intéressera plus, ce sont les ateliers où travailleront concurremment des femmes et des filles entre 14 et 18 ans. En France, le travail de onze heures pour la femme a amené dans tous les ateliers le même travail pour les filles de moins de 18 ans ; en Angleterre au contraire c'est le temps de travail des adolescents qui a fixé la période de la journée au cours de laquelle il est permis d'occuper des ouvrières. Ce laps de temps, ou, en terme technique, « *period of employment* » s'étend pour les ateliers de six heures du matin à six heures du soir, ou de sept heures du matin à sept heures du soir, ou de huit heures du matin à huit heures du soir. Cette mesure est applicable dans tous les ateliers où des ouvrières travaillent, concurremment, avec des enfants et des adolescents. Dans ces mêmes ateliers, le secrétaire d'Etat compétent peut autoriser le travail de neuf heures du matin à neuf heures du soir. Quant aux ateliers n'employant que des femmes au-dessus de 18 ans, ils peuvent employer ces dernières entre six heures du matin et dix heures du soir. Mais ce que nous venons d'indiquer, c'est la « period of employment », cela ne veut pas dire qu'il soit loisible aux patrons d'ateliers de faire travailler les ouvrières adultes douze heures dans un cas et seize dans l'autre ; par « *period of employment* » il faut comprendre la période de temps pendant laquelle les ouvrières peuvent être employées durant une période effective de dix heures, car deux heures sont accordées pour les repas. Dans les ateliers employant des femmes et des filles de moins de 18 ans, cette règle est absolue. Pour les ateliers n'employant que des femmes, on tolère douze heures de travail effectif pendant trente jours par an depuis l'act de 1895 et à la condition que cette journée de douze heures ne puisse être imposée que trois jours par semaine. Il y a donc à ce sujet une différence assez sensible avec la veillée française, puisque la veillée ne peut avoir lieu que trente jours par an au lieu de soixante et que la limite extrême du travail est de dix heures au lieu de onze.

En cas de travail supplémentaire ou *overtime*, le chef d'atelier doit accorder une demi-heure de repos après cinq heures, ce qui permet aux ouvrières de dîner. C'est encore là une excellente mesure dont le législateur français devrait bien s'inspirer. Une autre mesure, également bonne, est celle qui oblige le chef d'atelier à donner à toutes ses ouvrières les mêmes heures de repos. Jusqu'ici nous avons trouvé des différences évidemment sensibles entre la loi anglaise et la loi française, mais l'esprit de la loi est à peu près le même ; en passant à l'étude des ateliers à domicile, nous allons trouver une divergence totale entre les deux législations.

Il y a deux sortes de travail à domicile, 1° le travail emporté par l'ouvrière d'atelier pour être fini chez elle et 2° le travail à domicile proprement dit ou travail confié par un entrepreneur à une ouvrière restant chez elle.

Dans le premier cas, la loi anglaise s'occupe indistinctement de tous les protégés, femmes, adolescents et enfants.

Nul enfant ne sera, sauf pendant la période légale de travail, employé au travail d'un atelier en dehors de cet atelier, le jour où il y aura été employé.

Nul adolescent, nulle femme ne sera, sauf pendant la période légale de travail, employé au travail d'un atelier en dehors de cet atelier, le jour où cet adolescent où cette femme y aura été employé avant et après l'heure du dîner.

Un enfant, un adolescent ou une femme à qui, ou pour qui, un travail aura été donné pour être exécuté au dehors, ou qui sera autorisé à emporter un travail à faire en dehors d'un atelier, sera réputé employé en dehors de l'atelier le jour où ce travail aura été ainsi donné ou emporté. Ces prescriptions de la loi équivalent à l'interdiction pour l'ouvrière d'atelier d'emporter du travail à domicile, car, presque toujours, la journée régulière est faite à l'atelier. D'après l'enquête de l'Office du travail belge, c'est une prescription particulièrement difficile à faire observer.

Selon Miss Ashwell (1), cette pratique continue subrepticement à Manchester, mais dans une faible mesure. Elle a personnellement constaté un exemple tout récent dans la confection (*tailoring trade*). A un moment d'activité, l'ouvrière prenait de l'ouvrage à finir et travaillait chez elle la moitié de la nuit. Et Miss Ashwell ajoute : « C'était chose illégale, naturellement, mais cette femme ne voulait pas en témoigner, étant désireuse d'augmenter ses gains, afin d'obtenir une compensation pour la morte saison. » Le cas se présente encore dans la même ville pour d'autres ouvrières de l'aiguille.

Cependant elle croit que ce ne sont là que des exceptions et que, dans la majorité des cas, la loi nouvelle est bien appliquée à Manchester. Cependant, de son propre avis, il est fort difficile pour les inspecteurs de découvrir les infractions. Beaucoup d'ouvrières sont séduites par le supplément de salaire que leur donne le travail à domicile, aussi sont-elles fort peu disposées à se plaindre. Cependant il est à remarquer que, lors de la pétition des chefs d'ate-

(1) Inspectrice du travail.

liers de Manchester, pour être dispensés de la loi de 1895, les ouvrières étaient en général opposées à cette pétition.

Miss Irwing (1), de Glasgow, écrit sur le même sujet : « Il semble y avoir peu de raison d'espérer que la pratique d'emporter du travail de l'atelier à domicile soit abolie avant qu'une mesure réellement efficace soit prise dans la législation des fabriques. »

Les ouvriers, dit-on, désirent plus encore recourir à cette pratique que les patrons eux-mêmes : C'est vrai, dit miss Irwin, mais pourquoi ? C'est à cause du taux très bas de leur salaire. Pour emprunter les propres termes d'une ouvrière de Glasgow, « il est bien dur qu'une pauvre fille doive travailler toute la journée dans un atelier et ne gagne pas assez pour vivre sans prendre encore du travail à faire chez elle la nuit ; mais nous devons faire cela ou mourir de faim ou pis encore ». Les plus intelligentes, cependant, s'abstiennent, par principe, d'emporter du travail à domicile, dans la conviction que c'est cet usage même qui détermine la baisse des salaires. Mais ce doit être l'exception, car une ouvrière de Glasgow dit que « de l'ouvrage est emporté à domicile dans toutes les maisons qu'elle connaît ». Semblable déclaration ne permet pas d'entretenir beau-

(1) Home-Work among Women. — *Le travail à domicile des femmes*, par Miss Irwin, Glasgow.

coup d'illusions quant à la mise en vigueur de cette clause de l'act. de 1895, dans la principale ville d'Ecosse.

C'est à Londres qu'il semble que l'act de 1895 soit le mieux appliqué. C'est aux associations féminines qui, à l'inverse de chez nous, commencent à prendre une très grande importance en Angleterre, que nous devons ce résultat.

On lit dans le rapport du *Women's Industrial Council* (1) :

« Une jeune fille, qui appartenait à l'une des classes de gymnastique du club, se trouvait, comme le remarque miss James, dans un état d'extrême épuisement physique et de mauvaise santé. Sur enquête, il fut constaté qu'elle travaillait avec six autres jeunes filles à la confection de ceintures de fantaisie. Les ouvrières, après avoir peiné toute la journée à l'atelier, en emportaient régulièrement de grandes quantités à domicile pour y travailler pendant la nuit. De là, la lassitude de cette jeune fille. Cette pratique étant illégale, on prévint l'inspecteur qui somma le patron d'avoir à y mettre un terme. Le patron fit alors signer une déclaration par chacune de ses employées, constatant que l'ouvrage était pris à domicile pour être fait, non par elle-même, mais par ses

(1) Second annual report of the *Women's Industrial Council*. 1895-96, pages 14 et 15.

proches. Cette déclaration choquait la vraisemblance et même une des signataires n'avait avec elle qu'une mère infirme. Le Conseil informa de nouveau l'inspecteur, qui visita une fois de plus l'atelier, à l'heure précise où les jeunes filles s'en retournaient chez elles, le soir, en emportant de l'ouvrage.

Cette seconde visite eut pour résultat de mettre fin, une fois pour toutes, à ces abus. »

Les inspecteurs anglais poussent même l'idée de leurs droits à un point qui serait loin d'être admis en France ; ils pensent que, rencontrant une ouvrière portant un paquet, ils ont le droit de lui demander des explications et même de visiter ce paquet et d'en examiner le contenu.

Ce que regrettent les inspecteurs, c'est que le travail à domicile soit permis dans le cas où les femmes ou filles sont employées à l'atelier moins longtemps que la journée normale ; c'est, en effet, là, une porte ouverte pour tourner la loi et il y a, dans ce cas, possibilité d'agir contrairement aux intentions du législateur.

Si, pour le travail à domicile après la journée légale à l'atelier, les dispositions de la loi anglaise s'appliquent aussi bien aux femmes qu'aux adolescents et aux enfants, il n'en est pas de même pour le travail à domicile de l'ouvrière ne fréquentant pas l'atelier. La femme qui travaille chez elle a toute latitude de travailler toute la nuit, si elle le veut, le législateur anglais ne s'en est pas occupé, il n'a accordé la protection légale qu'aux enfants et adolescents.

Les établissements industriels installés dans un local privé servant à l'habitation, où les membres d'une même famille sont seuls admis à travailler et où l'on n'emploie pas de moteurs mécaniques, sont soumis à des règles spéciales pour le travail des enfants et des adolescents. Dans ces établissements, la journée des adolescents pourra commencer à six heures du matin et finir à neuf heures du soir et le samedi à quatre heures de l'après-midi. Lés adolescents auront, tant pour les repas que pour sortir, au moins quatre heures et demie par jour, et le samedi, deux heures et demie. Les enfants pourront travailler de six heures du matin à une heure de l'après-midi ou de une heure de l'après-midi à huit heures du soir et à quatre heures le samedi. Ils seront, pour l'application de la loi, considérés comme employés à la demi-journée. Les enfants ne pourront travailler deux semaines de suite le soir ni travailler le samedi aux mêmes heures que les autres jours de la même semaine. Les enfants ne travailleront pas plus de cinq heures de suite sans avoir un repos d'une demi-heure pour goûter.

Les règles du travail à domicile sont donc, comme on peut le voir, beaucoup moins sévères que pour l'atelier. Certaines prescriptions de détail, comme les repas aux mêmes heures et les questions d'aérage et de ventilation sont exclues de la réglementation du travail à domicile.

De plus, pour éviter ce que les visites de l'inspecteur pourraient avoir de vexatoire, on a exigé que l'inspecteur obtînt du juge de paix ou du secrétaire d'Etat une autorisation spéciale pour visiter les ateliers domestiques. Ces visites ne sont donc plus faites, en réalité, que quand certains soupçons sont venus à l'inspecteur qui en fait part au juge de paix, afin d'obtenir l'autorisation sus-énoncée. Malgré ces formalités, l'effet de la loi n'est pas douteux et il serait à souhaiter que nous eussions, dans notre législation, de semblables dispositions. L'amende de 25 ou de 50 francs, prononcée suivant que la contravention est constatée de jour ou de nuit, inspire une crainte salutaire et l'on trouverait peu d'enfants anglais employés, comme chez nous, la journée entière, à un dur travail.

Une autre disposition de la loi anglaise qui, si elle était bien appliquée, serait, à notre point de vue, de la plus grande utilité, est celle des mesures hygiéniques à prendre, dans le travail à domicile, en cas de maladies contagieuses.

L'article 27, de la loi de 1891, enjoignait à tout propriétaire d'atelier, n'employant pas d'ouvriers protégés, ainsi qu'à tout intermédiaire occupé pour l'exploitation de l'atelier, d'avoir à dresser une liste des ouvriers ou intermédiaires employés en dehors de l'atelier, ainsi que des locaux habités par eux. Cette liste devait être soumise à l'examen de l'inspecteur de fabrique ou des employés de l'office de l'hygiène publique. On laissait au secrétaire d'Etat le soin de fixer les industries qui seraient soumises à cette formalité, et, le 31 octobre 1892, M. Asquith, secrétaire d'Etat, décida que les industries de confection du vêtement seraient du nombre.

Le rapport des inspecteurs du travail montra, en 1893, l'insuffisance de la loi de 1891.

En effet, un chef d'atelier de confection, ayant un coupeur et donnant de l'ouvrage tout coupé à faire à quelques ouvrières seulement, était tenu de dresser une liste, tandis qu'un gros confectionneur délivrant simplement des pièces non coupées n'avait pas à en fournir, étant censé ne pas être propriétaire d'atelier.

Les restrictions apportées par la loi, au sujet du travail à domicile pour l'ouvrière ayant déjà fait sa journée à l'atelier, ont amené différents patrons à ne se servir que d'ouvrières du dehors pendant les périodes de presse. Si cette habitude s'étendait, il y aurait à prendre des mesures plus énergiques, mais il faut croire que les exemples sont encore rares, puisque l'act de 1895 n'a prescrit que quelques mesures de police sanitaire.

D'après l'article 5, si un inspecteur avertit par

écrit le propriétaire d'un atelier ou un intermédiaire que l'entrepreneur occupe, qu'un local, dans lequel s'exécute un travail en relation ou en connexion avec les opérations de cet atelier, est nuisible ou dangereux pour la santé des personnes qui y sont employées, et si l'occupant, dans le délai d'un mois après réception de cet avis, donne du travail à exécuter dans ce local, et que la Cour, à qui est soumise l'affaire, déclare que le dit local est, en effet, nuisible ou dangereux, cet occupant ou cet entrepreneur sera, sur procédure sommaire, passible d'une amende n'excédant pas dix livres.

Cet article est également applicable à l'occupant de tout local, lorsqu'il y donnera du travail à exécuter au dehors, comme si ce local était un atelier.

L'application de cet article est du reste confiée au secrétaire d'Etat qui devra fixer les localités et les industries auxquelles s'appliquera le présent article.

L'article 6 prévoit le danger des maladies contagieuses dans le travail à domicile et interdit à tout chef d'atelier où l'on donne du travail à exécuter au dehors ou à un entrepreneur occupé par lui de faire ou laisser confectionner, nettoyer ou réparer des vêtements dans un bâtiment servant à l'habitation ou dans sa propre maison, alors qu'un des habitants est atteint de scarlatine ou de petite vérole. La sanction de cet article est une amende, n'excédant pas dix livres, pour le contrevenant.

Toutefois, le chef d'atelier ou l'entrepreneur peut arguer de sa bonne foi et prouver qu'il ne connaissait pas l'existence de la maladie et que même, raisonnablement, il ne pouvait pas la connaître, auquel cas il n'est pas amendable.

Telle est la loi anglaise sur la protection des ouvrières ; nous avons fait ressortir, dans le cours de notre étude, les différences saillantes qui existent entre cette législation et la nôtre ; il nous faut voir, maintenant, pourquoi la loi anglaise est mieux appliquée que la nôtre. Il y a deux raisons primordiales. La première, et peut-être la plus importante, c'est que la loi a réussi à s'implanter dans l'industrie, au point que l'opinion et les mœurs se sont modelées sur elle. Ainsi, pour l'emploi des femmes, la nuit à l'atelier, les inspecteurs sont d'avis qu'ils n'ont plus à sévir. L'interdiction est acceptée par tous, nul ne souhaite de revenir à l'ancien état de choses. Cela est assez compréhensible, car, à l'heure actuelle, beaucoup de chefs d'ateliers sont nouveaux dans le métier et, n'étant pas encore patrons lors de la promulgation de la loi nouvelle, n'ont pas à regretter l'ancienne.

Quant à l'opinion publique, elle a une influence capitale sur l'effet d'une loi. Aujourd'hui, faire travailler les ouvrières la nuit, paraîtrait le fait d'un malhonnête homme, *improper man*. Grâce à ce courant d'opinion, la tâche de l'inspecteur est singulièrement facilitée. Alors qu'en France tout le monde hésite à dénoncer à l'inspecteur une infraction à la loi, au contraire, en Angleterre on s'en ferait plutôt un point d'honneur. Ces dénonciations émanent, non seulement des individus, mais aussi des associations. Alors que chez nous, les associations féminines ne sont encore qu'à l'état embryonnaire, la race anglo-saxonne, montrant une fois de plus son esprit de solidarité, s'est efforcée de rendre effective la protection légale des ouvrières, en s'unissant pour faciliter la tâche des inspecteurs du travail. Nous reviendrons, du reste, sur ces associations quand nous étudierons les efforts tentés par les particuliers pour obtenir la réglementation du travail.

Une autre cause de la bonne application de la loi anglaise réside dans le taux élevé des amendes. Alors qu'en France, grâce à la mollesse ou même à la complaisance de la plupart des juges de paix, le chef d'atelier en contravention en est quitte avec une unique amende de 5 francs abaissée même parfois à 1 franc, en Angleterre, au contraire, l'amende est sérieusement appliquée. Toute infraction commise après dix heures du soir peut donner lieu à une amende de 125 francs par personne employée illégalement, non compris les frais qui sont fort élevés. Le maximum de l'amende est évidemment rarement prononcé. Le juge tient compte de l'heure où la contravention a été prononcée et de la durée de cette contravention pour la fixation de l'amende, mais on peut dire que la moyenne des amendes est de 25 francs par personne illégalement employée, plus les frais, qui varient entre 10 et 15 francs. Cependant, nous trouvons l'exemple d'un tailleur de Londres qui, ayant employé une jeune fille, de deux heures de l'après-midi à trois heures du matin, a été condamné à 5 livres d'amende et 10 shellings de frais soit environ 138 fr. 50 (1). Il est fort peu probable que le lendemain il ait fait travailler dans les mêmes conditions.

Le courant d'opinion que nous indiquions tout à l'heure fait que les gérants de grandes maisons craignent de comparaître en justice pour infraction à la législation ouvrière. La presse, en effet, s'empare du fait pour le répandre et souvent même le grossir et c'est là une fâcheuse réclame, car après une ou deux condamnations, la maison est classée et jamais plus elle ne retrouvera son rang fashionable.

Ajoutons encore à ces divers appuis que reçoivent de l'extérieur les inspecteurs du travail, celui du « *sanitary department* ». Les fonctionnaires du service sanitaire sont tenus d'avertir les inspecteurs du travail quand, dans leurs tournées, ils s'aperçoivent d'abus, dont la répression incombe à ces derniers, ils doivent même faire connaître les locaux visités par eux où travaillent des ouvriers protégés.

(1) *Report of the chief inspector of factories and workshops*, 1895, page 223,

Ces différentes causes, jointes les unes aux autres, font qu'aujourd'hui la loi anglaise est bien appliquée.

Cette réglementation a-t-elle infligé un grand préjudice aux patrons? L'enquête de l'Office du travail belge, déjà citée, nous permet de répondre négativement. D'après cette enquête, les chefs et gérants des maisons de grande couture de Londres s'expriment nettement en ce sens. Sans doute ils aimeraient à pouvoir faire des heures supplémentaires (avant dix heures du soir), un peu plus fréquemment; d'un autre côté, ils sont de temps à autre un peu gênés, mais ils ne se plaignent pas; ils se sont mis, de bonne grâce, en règle avec la loi, de telle manière, que plus d'un, parmi eux, a déclaré qu'il n'aurait point recours au travail de nuit si même il y était autorisé.

On peut s'étonner de la réserve qu'ils manifestent mais ils en donnent une raison péremptoire. C'est que le travail du lendemain est dénué de toute espèce de valeur et que, à la longue, chose encore plus décisive, le labeur nocturne, la veillée, minerait la santé des ouvrières et paralyserait leur capacité de travail. Cette conviction, éminemment sage, est si bien enracinée en leur esprit, que même en présence des commandes les plus urgentes, au cours de la saison, — la saison à Londres est en mai et juin et aussi, en une certaine mesure, en octobre et en novembre —

ils ne voudraient pas rétablir le travail de nuit, fût-il redevenu licite.

Un patron en vue trouve qu'il est peut-être un peu gênant que la prohibition dont il s'agit ne permette point d'accepter autant de commandes qu'on le pourrait dans d'autres conditions ; pourtant il ne combat pas cette mesure, qui, en somme, ne cause pas de détriment sérieux aux affaires.

Un de ses collègues s'est avisé d'un moyen excellent, c'est d'augmenter son personnel un peu avant la période de presse, dans une proportion qui lui permette de faire face à toutes les éventualités possibles. Il y a là, à son avis, un élément de spéculation, il faut courir le risque d'une saison moins active, mais il s'en est extrêmement bien trouvé en général.

Les grandes maisons n'éprouvent du reste aucune difficulté à se procurer des ouvrières.

On voit donc que la législation ouvrière n'a pas causé de préjudice sérieux aux patrons. Quant à la concurrence étrangère, si souvent invoquée pour entraver les lois de protection ouvrière, l'industrie de la couture anglaise n'a nullement été désorganisée par elle.

Maintenant, voyons, pour l'ouvrière, quel est l'effet de la réglementation du travail. Au point de vue sanitaire, la réponse est pour ainsi dire inutile, car il est de toute évidence que la jeune fille se portera mieux en dormant toute la nuit, qu'en restant de longues heures à travailler sans relâche.

Au point de vue pécuniaire, les résultats sont encore bons et voici pourquoi : Une conséquence de la diminution des heures de travail, pour l'ouvrière anglaise, a été le nombre croissant des demandes d'ouvrières de la part des chefs d'ateliers, or, forcément, le taux des salaires a été maintenu à cause justement de ce surcroît de demandes et aujourd'hui il est à peu près le même, pour un nombre d'heures bien plus faible, que ce qu'il était autrefois.

Donc, tout bien considéré, le législateur anglais n'a pas à se repentir d'avoir inauguré, pour l'ouvrière, une ère nouvelle de protection légale.

Section II. — Allemagne

La réglementation du travail, en Allemagne, remonte au *Gewerbeordnùng* ou Code industriel de la confédération de l'Allemagne du nord de 1869. Pour la réglementation du travail des femmes, ce n'est que vingt-deux ans après, dans la *Novelle* du 1er juin 1891, qu'il en est question. Jusque-là, sous prétexte de liberté, le législateur allemand n'avait pas voulu s'occuper d'individus majeurs. Donc, ce n'est qu'avec la *Novelle* de 1891 que nous voyons, sous l'empire d'idées nouvelles, interdire le travail de nuit des femmes dans les fabriques.

M. Robert von Landmann, dans son étude approfondie sur la « *Gewerbeordnung für das deutsche Reich* (1) », donne la définition suivante de la fabrique, d'après l'opinion des jurisconsultes allemands et les arrêts constants des tribunaux :

Les fabriques sont des établissements industriels où s'opère la manipulation, la transformation ou l'amélioration de matières ou bien à l'état brut, ou en cours de fabrication, ou bien transformées en produits achevés. En général, on trouve dans une fabrique les caractères suivants :

1° Division du travail entre le patron qui s'occupe du côté commercial de l'affaire et l'ouvrier qui fait le travail.

2° Division du travail entre les ouvriers.

3° Grand nombre des ouvriers.

4° Locaux servant au travail et à l'exploitation d'une certaine importance.

5° Emploi des machines.

6° Développement de la production.

Voici, d'après M. Robert von Landmann, les caractères distinctifs de la fabrique, mais il n'est pas

(1) MÜNCHEN-BECK. — Page 911.

nécessaire que tous ces caractères se trouvent réunis pour qu'il y ait fabrique.

Pour l'industrie du vêtement qui est le sujet de notre étude, il n'y avait protection légale, d'après la définition que nous venons de donner à l'instant, que pour les ateliers employant un grand nombre d'ouvrières. L'effet de la loi était donc de défendre le travail de nuit dans les ateliers de grande couture où le surmenage des ouvrières était assez restreint, et de l'autoriser dans la moyenne et la petite couture où les abus étaient scandaleux, comme nous l'avons fait voir dans la première partie de notre étude.

Une ordonnance, du 3 juin 1897, est venue remédier à cet état de choses, en transformant légèrement la *Novelle* de 1891 et en l'étendant aux ateliers quelconques où se confectionnent en gros des vêtements d'hommes, femmes ou enfants.

Cette ordonnance, du 3 juin 1897, interdit d'employer des enfants au-dessous de 13 ans et des enfants de 13 à 14 ans qui sont tenus de fréquenter l'école. Pour les enfants de 13 à 14 ans, le travail ne doit pas dépasser six heures par jour.

Il est permis de faire travailler les adolescents de 14 à 16 ans, dix heures par jour, mais les heures de travail, pour les ouvriers de moins de 16 ans, doivent être comprises entre cinq heures et demie du matin et huit heures et demie du soir. Le travail doit être coupé par des repos. Pour les jeunes ouvriers, occupés seulement six heures par jour, le repos doit être d'au moins une demi-heure. Pour ceux qui travaillent dix heures, il doit y avoir un repos d'une heure, à midi, avec une demi-heure de repos soit avant, soit après midi, ou bien un repos total d'une heure et demie à midi.

Il n'est pas permis pendant les repos de donner de l'occupation, dans l'atelier, aux jeunes ouvriers ou même de tolérer qu'ils se tiennent dans les locaux de travail, à moins que celui-ci ne soit complètement interrompu. Il peut cependant y avoir exception à ces prescriptions, si les jeunes ouvriers ne peuvent rester en plein air et que d'autres locaux convenables ne puissent être construits sans rencontrer des difficultés disproportionnées à l'importance de l'atelier.

On ne doit pas employer les jeunes ouvriers les dimanches et jours fériés, aux heures fixées par le pasteur régulier, pour l'enseignement du catéchisme ou bien les conférences sur la confession, la confirmation ou la communion.

Le travail de nuit est interdit aux ouvrières; par travail de nuit, on entend tout travail de huit heures et demie du soir à cinq heures et demie du matin. Les ouvrières ne doivent pas non plus être employées les samedis ou la veille des fêtes après cinq heures et demie de l'après-midi. C'est là une prescription copiée sur la loi anglaise et qui est très utile en cequ'elle permet à l'ouvrière de mettre son ménage en ordre le samedi soir et de n'avoir pas à s'en occuper le dimanche.

Le maximum des heures de travail pour les ouvrières de plus de seize ans est de onze heures et de huit heures seulement la veille des dimanches et jours de fête.

Il doit y avoir à midi un repos d'au moins une heure pour les ouvrières.

Puis, viennent deux prescriptions importantes, la première, accordant aux ouvrières de plus de seize ans, qui ont à s'occuper de leur ménage, un repos supplémentaire d'une demi-heure à midi, en plus de l'heure habituelle, et la seconde défendant d'occuper les femmes en couches dans un délai de quatre semaines après leur accouchement, à moins qu'un médecin approuvé ne déclare leur emploi possible après deux semaines. Presque toutes les législations européennes, même les moins protectrices, reproduisent cette prescription au point de vue des femmes nouvellement accouchées et c'est à tort qu'elle ne figure pas dans notre loi de 1892.

Quand un patron désire employer dans son atelier des jeunes ouvriers ou des ouvrières, il doit faire avant de les embaucher une déclaration à la police locale en indiquant l'adresse de l'atelier.

Le patron doit faire afficher, dans un endroit en vue, la liste des noms des jeunes ouvriers employés, l'indication du commencement et de la fin de leur journée et les heures de repos. Il doit également faire afficher un extrait des règlements, dont la forme sera prescrite par les autorités centrales du pays.

L'article 6 de l'ordonnance de 1897 permet, pour les ouvrières de plus de seize ans, de prolonger la journée pendant soixante jours par an, à la condition de ne pas dépasser treize heures par jour et de ne pas durer au delà de dix heures du soir.

Les chefs d'ateliers qui voudront profiter de ces dispositions de la loi devront tenir un registre où seront inscrits les jours où le travail aura été prolongé. Ce registre sera toujours à la disposition de l'inspecteur du travail ou de la police locale.

L'ordonnance prévoit ensuite, pour les cas d'accidents ou de cessation de travail, des dispenses de quatre semaines accordées par l'administration inférieure ou d'une durée plus longue, mais alors avec autorisation de l'administration supérieure.

L'administration supérieure peut également, dans certains ateliers, prendre les dispositions nécessitées par le genre de travail de ces ateliers. L'autorité administrative inférieure peut aussi changer les heures des repos, mais les jeunes ouvriers ne peuvent être occupés plus de six heures si, entre les heures de travail, il n'est pas accordé de repos d'une durée totale d'au moins une heure.

Toutes ces dispositions sont applicables aux ateliers

patronaux, mais l'article 8 déclare qu'elles ne sont pas applicables :

1° Aux ateliers dans lesquels le patron occupe exclusivement les membres de sa famille, ou, occasionnellement seulement, des individus qui n'en font pas partie.

2° Aux ateliers dans lesquels la confection de vêtements ou de lingerie ne se fait qu'occasionnellement.

Le projet de loi soumis en mai 1897 au parlement allemand propose, au sujet du travail à domicile, les additions et changements suivants au code industriel de l'empire :

Le Bundesrath peut prescrire, pour les industries déterminées, des carnets de salaires ou listes de travail où seront notés, par le patron ou son représentant, l'espèce et la quantité du travail délivré, le nombre des pièces, s'il est payé à la pièce, puis le chiffre du salaire et les conditions des livraisons d'outils et de matières premières faites pour les travaux à exécuter.

Les inscriptions doivent être faites à l'encre et signées par le patron ou le chef d'usine autorisé. Elles ne doivent pas être accompagnées de signes quelconques pouvant qualifier l'ouvrier ou bien ou mal.

L'insertion d'un jugement sur la conduite ou le travail de l'ouvrier et autres insertions, qui ne sont pas prescrites par la loi, sont interdites.

Le carnet de salaires, ou la liste de travail, sera fourni par le patron, à ses frais, et remis gratuitement à l'ouvrier après insertion des inscriptions prescrites lors du travail ou auparavant.

Les détails relatifs au carnet des salaires et la liste de travail seront arrêtés par le chancelier de l'empire.

Les ordonnances rendues par le Bundesrath seront publiées par le recueil des lois et présentées au Reichstag à sa plus prochaine session pour qu'il en soit pris connaissance.

Pour des industries déterminées, il peut être ordonné, par décision du Bundesrath, qu'il n'est pas permis de donner aux ouvrières ni aux jeunes ouvriers de l'ouvrage pour être fait chez eux, quand leur occupation journalière dans la fabrique dépasse six heures.

Ces ordonnances seront également soumises au Reichstag.

Ce projet de loi venait comme réponse à la grève de Berlin de 1896, mais depuis, quoiqu'on en ait souvent parlé, les choses sont restées dans le *statu quo*.

Section III. — Suisse.

Le pouvoir législatif appartient en Suisse non seulement à la confédération mais aussi, dans la mesure fixée par leurs constitutions respectives, aux Cantons.

La législation du travail n'a pas été inaugurée par le pouvoir central et c'est aux cantons de Zurich, Bâle-Ville et Glaris qu'en revient l'honneur.

Une loi fédérale du 23 mars 1877 a fait disparaître les lois particulières à ces trois cantons et a érigé une ère nouvelle de protection légale pour les ouvriers de fabrique de toute la Suisse. Cette loi fédérale, du reste, a, pour ainsi dire, reproduit textuellement les lois de fabriques particulières aux cantons sus-énoncés.

L'article 1er de la loi de 1877 est ainsi conçu :

« Tout établissement industriel où un certain nombre d'ouvriers sont occupés simultanément et régulièrement, hors de leur domicile et dans un local clos, doit être considéré comme fabrique et est soumis aux prescriptions de la présente loi.

« Lorsqu'il y a doute sur le point de savoir si un établissement industriel doit être, ou non, considéré comme fabrique, c'est au Conseil fédéral à prononcer en dernier ressort, après avis du gouvernement cantonal. »

C'était laisser au pouvoir réglementaire une très grande latitude et le Conseil fédéral n'a pas manqué d'en user en recherchant toujours bien plus l'esprit que la lettre de la loi. Ce qu'il a voulu, c'est faire œuvre utile et il y a souvent réussi.

Les arrêtés pris par le Conseil fédéral sur cette matière n'ont plus aujourd'hui qu'un intérêt bien amoindri, car depuis le 3 juin 1891 il existe un règlement interprétatif de l'article 1er de la loi de 1877.

L'article 1er de ce règlement spécifie que :

« Doivent être considérées comme fabriques dans le sens de l'article 1er de la loi du 23 mars 1877 et soumises à cette même loi, sous réserve qu'elles correspondent aux conditions générales de l'article précité :

a. Les exploitations qui emploient plus de cinq ouvriers et des moteurs mécaniques, ou bien qui occupent des personnes âgées de moins de dix-huit ans, ou qui présentent des dangers particuliers pour la santé et la vie des ouvriers.

b. Les exploitations occupant plus de 10 ouvriers et ne présentant aucune des conditions mentionnées à la lettre *a.*

c. Les exploitations occupant moins de six ouvriers et présentant des dangers exceptionnels pour la santé et la vie des ouvriers, ou celles occupant moins de onze ouvriers et rentrant évidemment dans le type des fabriques. D'après l'article 11, la durée du travail régulier d'une journée ne doit pas excéder 11 heures.

« Elle est réduite à dix la veille des dimanches et jours fériés. Cette durée du travail doit être comprise entre 5 heures du matin et 8 heures du soir pendant les mois de juin, juillet et août et entre 6 heures du matin et 8 heures du soir pendant le reste de l'année.

« Les demandes d'autorisation pour prolonger d'une manière exceptionnelle ou passagère la durée de la journée doivent être adressées aux autorités du district compétentes, ou, lorsqu'il n'en existe pas, aux autorités locales, si cette prolongation ne doit pas durer plus de deux semaines ; dans le cas contraire, elles sont adressées au gouvernement cantonal.

« On accordera aux ouvriers, au milieu de la journée de travail, un repos d'au moins une heure pour leur repas. Des locaux convenables, chauffés en hiver et autres que les salles ordinaires de travail, seront mis gratuitement à la disposition des ouvriers qui apportent ou se font apporter leur repas à l'atelier. »

L'article 13 décide que le travail de nuit, c'est-à-dire entre 8 heures du soir et 5 ou 6 heures du matin, n'est admissible qu'à titre d'exception, et que les ouvriers ne peuvent y être employés que s'ils y consentent de plein gré. Dans tous les cas où il ne s'agit pas d'une réparation urgente, nécessitant un travail de nuit exceptionnel pendant une nuit seulement, la permission de l'autorité devient nécessaire ; si ce travail de nuit doit se prolonger au delà de deux semaines, le gouvernement cantonal seul peut l'autoriser.

Par l'article 15 il est défendu d'employer des

femmes à un travail de nuit ou du dimanche.

Lorsqu'elles ont un ménage à soigner, elles doivent être libres de quitter l'ouvrage une demi-heure avant le repos du milieu de la journée si celui-ci ne dure pas au moins une heure et demie.

Avant et après leurs couches, il est réservé un laps de temps de huit semaines au total pendant lequel les femmes ne peuvent être admises au travail dans les ateliers. Elles ne sont reçues de nouveau dans les ateliers qu'après qn'elles ont fourni la preuve qu'il s'est écoulé six semaines au moins depuis leurs couches.

Pour les enfants, l'âge fixé pour l'admission à la fabrique ou à l'atelier est de 14 ans et le minimum de travail, onze heures, y compris, jusqu'à 16 ans, le temps réservé à l'instruction et à l'enseignement religieux.

L'amende infligée aux contrevenants est de 5 à 500 francs et, en cas de récidive, indépendamment de l'amende, les tribunaux peuvent prononcer un emprisonnement de trois mois au maximum.

L'article 20 spécifie que les lois ou ordonnances cantonales qui seraient en contravention avec la présente loi sont abrogées de plein droit.

D'après cette loi de 1877 et l'arrêté du 3 juin 1891, il n'y a de protection légale pour les ateliers de couture et de confection, où ne travaillent que des femmes de plus de 18 ans, que quand ces ateliers emploient plus de dix ouvrières ; pour les ateliers qui emploient des femmes ou filles de moins de 18 ans, la protection s'étend aux ateliers où sont réunies plus de cinq ouvrières.

Pour ces deux sortes d'ateliers, les prescriptions de la loi sont fort claires ; les ouvrières ne peuvent travailler que pendant onze heures de jour. Malgré cela, beaucoup d'autorités cantonales se croient autorisées, par l'article 13 de la loi de 1877, à accorder à des ateliers de couture ou de confection la permission d'employer leurs ouvrières à un travail de nuit, mais c'est là une grossière erreur.

L'article 13 permet le travail de nuit et du dimanche, dans des cas exceptionnels, mais c'est seulement aux hommes âgés de plus de 18 ans.

Quant aux femmes, l'article 15 vient déclarer d'une façon formelle, qu'en aucun cas, elles ne peuvent être employées au travail de nuit ou du dimanche.

Un arrêté du Conseil fédéral, en date du 14 janvier 1893, rappelle du reste que les hommes âgés de plus de 18 ans, et s'ils y consentent de plein gré, peuvent seuls être employés au travail de nuit.

Malgré cela, un certain doute paraît subsister et, de bonne foi ou non, certaines autorisations illégales sont encore accordées par des autorités cantonales.

Cette mesure tend cependant à diminuer et régulièrement aujourd'hui, le régime commun à tous les grands ateliers de couture est celui du travail de onze heures par jour finissant à 8 heures du soir.

C'était un grand désavantage, dans les périodes de presse, pour les ateliers employant plus de cinq ou dix ouvrières, d'avoir un régime différent des petits ateliers qui pouvaient ainsi les concurrencer à outrance, aussi certains cantons, notamment Bâle-Ville, Zurich et Saint-Gall ont-ils voulu, par une législation spéciale, redresser ce que la législation fédérale avait de choquant. Les cantons, comme nous l'avons déjà dit, doivent se soumettre à la loi fédérale, mais, en dehors de cette loi, ils sont libres de prendre des mesures particulières. Les prescriptions votées par les cantons sus-indiqués sont donc absolument légales et auront force de loi jusqu'à un nouveau vote de l'autorité fédérale.

C'est bien le même esprit qui a présidé au vote des lois cantonales, mais comme elles diffèrent assez sensiblement dans la forme, nous devons les étudier séparément.

Canton de Bâle-Ville.

Nous avons vu que la loi fédérale n'accordait la protection légale qu'aux ateliers de couture et de confection comprenant plus de dix ouvrières adultes, ou à ceux de plus de cinq ouvrières, quand, au nombre de celles-ci, se trouvaient une ou plusieurs jeunes filles ou femmes de moins de 18 ans. La conséquence immédiate de cette législation est, avons-nous dit, de laisser de côté les petits ateliers où sont commis les abus les plus graves, alors que, bien plus que les grands, ils auraient besoin d'un service d'inspection et, par cela même, d'en encourager l'accroissement.

C'est le canton de Bâle-Ville qui, le premier, comprenant ce qu'avait d'injuste cette distinction entre les grands et les petits ateliers, a voulu y remédier par une loi particulière le 11 février 1884.

Ce n'était pas la première fois, du reste, que des mesures de protection ouvrière étaient votées dans ce canton ; dès 1869, il y eut une loi sur le travail des ouvrières de fabrique. La définition de la fabrique, donnée par cette loi, fut même adoptée dans la législation fédérale de 1877.

Nous ne nous occuperons pas de la loi de 1884 et nous passerons de suite à l'étude de la loi du 23 avril 1888 qui l'a remplacée. Cette loi s'applique aux ateliers où sont occupées à un travail industriel trois femmes au plus où dans lesquels travaillent comme ouvrières ou apprenties des jeunes filles de moins de 18 ans.

C'est un progrès sensible sur la loi fédérale qui n'est applicable que dans les ateliers employant plus de dix femmes ou plus de cinq filles de moins de 18 ans. Le législateur bâlois n'a pas voulu rendre l'action de la loi trop énervante et il s'est arrêté au chiffre de trois femmes par atelier, ce qui souvent, en réalité, ne fait que deux ouvrières, car la patronne est comptée quand elle prend personnellement part au travail.

Il ne s'agit du reste là que de femmes majeures et la plus petite couturière employant une seule apprentie tombe sous le coup de la loi.

Pour ces petits ateliers, la loi bâloise a maintenu le temps de travail de la législation fédérale, c'est-à-dire onze heures placées entre six heures du matin et huit heures du soir.

Mais, comme dans les ateliers de couture et de confection il est presque impossible de faire commencer le travail à six heures du matin, on accorde des prolongations temporaires jusqu'à dix heures et onze heures du soir, mais seulement dans les ateliers n'employant que des femmes de plus de 18 ans.

Il est même interdit de prolonger la journée, pour les femmes enceintes, au delà de huit heures du soir.

Cette loi a, semble-t-il, été assez bien accueillie par les patrons et les ouvrières, et l'application paraît en être satisfaisante.

Canton de Saint-Gall.

La loi du 18 mai 1893, entrée en vigueur le 1er octobre, pour le canton de Saint-Gall, a été presque copiée sur la loi de Bâle-Ville.

Les deux seules différences à signaler sont, la première, dans le nombre d'ouvrières exigé, pour qu'un atelier rentre dans la protection légale, qui est de deux au lieu de trois, et la seconde dans la permission de travail supplémentaire qui va jusqu'à dix heures du soir au lieu de onze. Quant aux prescriptions relatives aux apprenties et aux femmes enceintes, elles sont les mêmes dans les deux cantons.

L'amende, pour le contrevenant à cette loi, peut s'élever à 300 francs et en cas de récidive à 500 francs ou bien, dans ce dernier cas, être remplacée par un emprisonnement ne dépassant par trois mois.

Malgré cette répression sévère, l'application de cette loi laisse encore à désirer.

Canton de Zurich.

Avec la loi du 12 août 1894 (1), du canton de Zurich, nous entrons dans une forme nouvelle de la protection ouvrière. Cette loi s'applique à tous les établissements non soumis à la loi fédérale dans lesquels des personnes du sexe féminin travaillent moyennant un salaire ou pour l'apprentissage.

Sont exceptés les entreprises agricoles, les bureaux commerciaux, la profession d'aubergiste, ainsi que les boutiques en ce qui concerne les personnes exclusivement occupées au service des clients.

(1) Résultat du *Referendum*, 45 909 oui et 12 531 non.

Ce n'est donc plus aux ateliers de couture employant deux ou trois femmes que s'applique la loi, c'est à tous les ateliers employant une ouvrière ou apprentie. Il ne reste donc plus en dehors de la protection légale que le travail à domicile et encore est-il défendu de donner aux ouvrières à domicile un travail supplémentaire excédant la durée légale du travail dans l'établissement patronal.

Voilà une prescription toute nouvelle dans la législation suisse mais qui, malheureusement, ne comporte par la sanction capable de la faire respecter.

Pour la durée du travail, la législation zurichoise a ramené le travail quotidien à dix heures, et à neuf heures la veille des dimanches et jours de fêtes.

Un repos d'une heure et demie au moins doit être accordé à midi. La durée des repos ne peut être déduite de celle du travail que si, pendant ces repos, les ouvrières sont autorisées à quitter le lieu du travail.

En cas de commandes pressées ou d'abondance de travail pendant la saison, le travail peut être prolongé, à titre exceptionnel et temporaire, mais il ne peut l'être de plus de deux heures par jour, ni de plus de soixante-quinze heures par an. De plus, et c'est là une prescription qui supprime les inconvénients de la veillée, le travail supplémentaire doit autant que possible prendre fin à huit heures et ne continuer, en aucun cas, au delà de neuf heures.

Le salaire pour les heures supplémentaires doit être supérieur de un quart au moins au salaire normal, ce qui empêchera les patrons de faire veiller pour un travail inutile ou qui, tout au moins, pourrait facilement être remis au lendemain.

De plus, les ouvrières de 18 ans, au moins, peuvent seules être employées au travail supplémentaire, et seulement si elles y consentent de plein gré.

Quant à l'application de cette loi qui, lors du vote, paraissait difficile et même presqu'impossible, les rapports de la direction de l'Intérieur constatent qu'elle devient meilleure et que même, la loi s'acclimatant peu à peu, les infractions deviennent assez rares.

Les trois législations, anglaise, allemande et suisse que nous venons d'étudier, quoique bien timides encore dans leurs essais de réglementation du travail et, en particulier, du travail en chambre, sont cependant, de toutes les législations européennes, les plus protectrices pour l'ouvrière. Comme notre but est, dans cette étude, de rechercher les prescriptions légales appliquées à l'étranger qui viennent en aide à l'ouvrière du vêtement, nous n'avons que faire d'étudier les autres législations européennes qui, toutes, sont encore moins protectrices que notre législation française.

C'est en Amérique, le pays de la liberté par excellence, et dans les colonies anglaises, qui jouissent, vis-à-vis de la métropole, d'une vaste indépendance, que nous allons trouver la protection légale la plus étendue. C'est là un fait tout à fait remarquable et qui prouve combien l'on se trompe quand on vient déclarer que la protection légale du travail est attentatoire à la liberté de l'ouvrier. Beaucoup de législations particulières des Etats-Unis réglementent, et d'une façon très sévère, le travail à domicile, mais c'est là travailler pour le bien-être général du pays et l'ouvrier n'en est pas moins libre parce que, légalement, on lui interdit de détruire petit à petit sa santé et celle de sa famille et de transporter à l'extérieur le foyer d'infection qui règne chez lui.

Chaque Etat américain a une législation particulière, et, bien que l'idée de faire réglementer le travail et surtout le travail en chambre par la législation fédérale soit très populaire, la question est encore loin d'être résolue et sept ou huit Etats seulement ont une législation s'occupant du travail en chambre.

Dans l'industrie qui fait l'objet de notre étude, la protection de l'ouvrière d'atelier est basée, aux Etats-Unis, sur le même principe qu'en Europe. D'après M. Levasseur, pour les couturières d'atelier, la journée commence ordinairement à huit heures du matin et se termine à six heures du soir, soit, défalcation faite des trois quarts d'heure du lunch, neuf heures un quart de travail effectif. Ce n'est donc pas une question nouvelle et, bien que la journée légale diffère un peu suivant les Etats, nous laisserons de côté cette question pour nous consacrer spécialement à l'étude du travail en chambre, auquel certains Etats d'Amérique ont trouvé des remèdes.

Section IV. — Amérique

New-York.

C'est par l'Etat de New-York que nous commencerons notre étude des législations américaines ; deux amendements à la loi de l'inspection des fabriques, le premier, du 29 mai 1896, mis en vigueur quatre mois après, le second, du 13 mai 1897, contiennent, à ce sujet, des prescriptions intéressantes. Avant l'amendement de cette loi, le « sweating system » était très florissant, et, comme nous l'avons montré dans la première partie de notre étude, il y avait à New-York des bouges immondes portant le nom de *dens* (tanières), où des entrepreneurs très malheureux s'entassaient avec des ouvriers plus malheureux encore, souvent des émigrants manquant de tout, pour gagner un salaire misérable. Ces bouges servaient en même temps d'ateliers, de chambre à coucher, de cuisine et de salle à manger. C'étaient là de véritables foyers d'infection pour la ville et c'est à quoi la loi de 1896 a voulu mettre ordre. Maintenant, ce sont les seuls membres proches d'une même famille qui peuvent être occupés à la confection des vêtements, dans une chambre ou un logement d'une habitation ou maison de location.

Il n'est permis à personne, pas plus à une maison de commerce qu'à une corporation, d'employer à la confection des vêtements énumérés dans une longue liste contenue à l'article 13, un ou plusieurs ouvriers, dans un local d'arrière-boutique, avant d'avoir obtenu un permis de l'inspecteur de fabrique ou d'un de ses employés. Le permis est délivré après visite du local et indique le nombre maximum de personnes autorisées à y travailler. Le permis peut, du reste, être retiré par l'inspecteur par mesure d'hygiène publique ou bien à cause de la santé des ouvriers qui y travaillent. Ce permis doit être encadré et placé bien en vue dans l'une des chambres auxquelles il a rapport.

Quiconque emploie un étranger doit donc, depuis 1896, être soumis à ce régime du permis.

Les résultats de cette loi n'ont pas été fort appréciables aussitôt après la mise en vigueur, car le système du travail en chambre était fortement ancré dans la population de New-York. Le travail étant permis pour les membres d'une même famille, les inspecteurs de fabriques se heurtaient aux réponses traditionnelles : c'est mon cousin, ou, c'est le neveu de ma femme. Il semble qu'à l'heure actuelle, grâce à la fermeté des inspecteurs et aussi aux dénonciations des ouvriers d'atelier, la loi de 1896 tende à être beaucoup mieux appliquée.

Les prescriptions subsidiaires de la loi de 1896 ont beaucoup contribué à rendre son application plus facile.

En effet, quiconque conclut un marché pour la confection des vêtements et objets énumérés à l'article 13, ou bien fournit les objets servant à cette confection, doit tenir un registre contenant les noms des personnes auxquelles ces objets auront été remis. L'inspecteur, ou un de ses employés, peut exiger une liste de ces noms et parvient ainsi à connaître les travailleurs en chambre.

Il est, de plus, interdit de vendre ou mettre en vente aucun des objets énumérés à l'article 13, s'ils ont été confectionnés dans un logement ou une chambre qui n'a pas le permis délivré par l'inspecteur. Si les employés de l'inspecteur, qui sont préposés, ainsi que lui, à l'exécution de la loi, s'aperçoivent que des articles sont confectionnés dans des ateliers dépourvus de permis, ils doivent marquer ces articles d'une étiquette d'au moins quatre pouces de long, portant, en gros caractères, l'inscription « *tenement made* » qui ne peut être enlevée ou changée que par le consommateur.

Le propriétaire de la marchandise ou la personne qui en est supposée propriétaire, est prévenu par le service de l'inspection.

Même dans un atelier ayant son permis, l'inspecteur ou ses employés peuvent appliquer la fiche « *tenement made* », s'ils jugent que le travail n'est pas fait dans des conditions saines et propres. Le bureau d'hygiène est alors prévenu et fait désinfecter les objets, après quoi l'étiquette est enlevée.

Au cas où le service d'inspection vient à découvrir des indices d'infection ou de maladies contagieuses, dans un atelier, il prévient aussi le bureau d'hygiène local qui prendra les mesures convenables. Il est même autorisé à confisquer et à détruire les objets fabriqués dans des conditions malsaines.

Une autre prescription de la loi de l'Etat de New-York édicte la responsabilité du propriétaire de l'immeuble où une ou plusieurs personnes étrangères sont employées dans un atelier de famille dépourvu de permis. Le service d'inspection le fait prévenir de la contravention et si, trente jours après cet avertissement, le propriétaire n'a pas fait cesser cet abus, il est responsable et est puni d'une amende. L'occupation d'une chambre ou logement par d'autres personnes que les membres d'une même famille, pour la confection des objets désignés à l'article 13, est considérée par la loi de 1896 comme suffisant pour donner au propriétaire le droit d'expulser son locataire. Une procédure rapide toute spéciale vient encore faciliter cette expulsion.

La loi de New-York précise même le cube d'air minimum dans les ateliers. Toute personne travaillant de six heures du matin à six heures du soir doit avoir 250 pieds cubes d'air et 400 si elle travaille de six heures du soir à six heures du matin.

Ohio.

Une loi de l'État d'Ohio a précédé d'un mois à peu près la promulgation de la loi de New-York. Elle est du 27 avril 1896 (1), et porte sur la prévoyance en vue de la salubrité publique. De même que dans la loi de New-York, il est défendu de fabriquer des articles de vêtements dans un local quelconque servant à l'habitation, sauf pour les personnes d'une même famille, quand ces articles sont destinés à être exposés pour la vente ou vendus aussi bien en gros qu'en détail. Ici, il n'y a pas désignation des vêtements dont la confection est défendue à domicile, ce sont des vêtements de toutes sortes dont il s'agit.

Une autre différence avec l'article 13 de la loi de

(1) Un amendement du 9 mars 1898, est venu s'ajouter à la loi du 27 avril 1896.

New-York, c'est qu'il n'y a pas possibilité, pour l'inspecteur, de permettre le travail dans une arrière-boutique communiquant avec le logement principal. Les locaux où sont fabriqués les vêtements doivent être considérés comme ateliers ou fabriques; ils doivent être totalement séparés des logements ou chambres servant à l'habitation et ne peuvent être reliés avec eux ni par une porte, ni par une fenêtre ou autre orifice.

Ils ne doivent pas servir de logement pas plus que de dortoirs et ne doivent contenir ni lits, ni ustensiles de cuisine ou autres objets, sauf ceux servant au travail.

L'entrée de ces ateliers doit communiquer directement avec le dehors et, au cas où les ateliers seraient situés au-dessus du premier étage, un escalier spécial doit leur être affecté. Viennent ensuite des prescriptions très précises pour l'éclairage, le chauffage, la ventilation et surtout les lieux d'aisance. L'inspecteur de fabrique, ou ses employés, peuvent réclamer les changements qui leur semblent nécessaires comme nettoyage, peinture, blanchiment de murs, afin d'éviter les odeurs malsaines, la vermine, la saleté et, en général, ce qui peut être préjudiciable à la santé, ou bien favoriser les maladies contagieuses. Leur droit va même jusqu'à faire cesser les travaux effectués dans des conditions contraires à la loi et, au besoin, jusqu'à faire arrêter et poursuivre les personnes qui, malgré la défense, feraient continuer le travail.

Il est interdit à toute personne, maison de commerce ou corporation, de donner de l'ouvrage à une personne qui est désignée par l'inspecteur comme n'ayant pas tenu compte des prescriptions de la loi. Cette interdiction subsiste tant que cette personne n'a pas satisfait à la loi. Le service d'inspection doit prévenir les entrepreneurs dès que l'interdiction a cessé.

Une liste des personnes employées à l'extérieur doit être tenue par celui qui les emploie. Cette liste doit contenir, en plus du nom, l'adresse des personnes ainsi employées, et l'inspecteur peut toujours l'examiner sur sa demande.

Personne ne doit exposer, tenir en magasin ou vendre de vêtements fabriqués dans des conditions contraires à cette loi. Une seule exception subsiste, quand le vêtement a été commandé par une personne pour son usage personnel.

La sanction de cette loi est très énergique car, pour une seule contravention, l'amende varie de 50 à 100 dollars ou d'un emprisonnement de 30 à 60 jours, ou même, quand le tribunal le juge nécessaire, il peut y avoir cumul des deux peines.

Comme on peut le voir par cet exposé de la loi d'Ohio, il y a, dans une certaine mesure, progrès sur la législation de New-York, en ce que le travail à domicile est rendu plus difficile, mais il n'y a pas encore protection du travail à domicile le plus étendu, nous voulons parler du travail qui se fait au sein d'une même famille et qui, souvent, a de si funestes conséquences pour les femmes et les enfants du peuple.

Dans les législations de l'Illinois, du New-Jersey et du Maryland, nous retrouvons presque les mêmes réglementations que dans celles des deux Etats précités, aussi les laisserons-nous de côté pour passer de suite à l'étude de celles des Massachusetts et de la Pensylvanie qui ont compris dans une même réglementation, bien qu'avec de légères différences, le travail à domicile où le sweater ne travaille qu'avec ses parents et celui où il emploie des étrangers.

Massachusetts.

La loi des Massachusetts, sur la production et la vente des vêtements provenant de locaux malsains, date de 1893. Cette loi fait une distinction entre le travail en chambre accompli par les membres d'une même famille et celui qui emploie des étrangers. Pour ce dernier genre de travail, la réglementation est des plus simples, la chambre ou le local ainsi employé sera considéré comme atelier et, par cela même, soumis à toutes les lois ouvrières ou sanitaires. Quant à l'atelier de famille proprement dit, il n'est soumis qu'aux règlements de police sanitaire. En fait, cependant, ces règlements strictement appliqués deviennent de véritables lois ouvrières entre les mains d'inspecteurs vigilants. En effet, comme toute famille ou membre d'une famille occupé à des travaux de confection (le mot confection doit être ici compris comme s'appliquant à des vêtements vendus tout faits et non aux vêtements sur mesure) doit, avant de commencer à travailler, obtenir une autorisation du chef de police et que cette autorisation n'est donnée que sur la recommandation de l'inspecteur, il est facile, pour ce dernier, d'exiger, pour accorder sa recommandation, que le travail soit accompli dans des conditions favorables.

A défaut de cette autorisation du chef de police, il est interdit, à qui que ce soit, de donner à confectionner en chambre des vêtements destinés à la vente.

La loi des Massachusetts exige de plus que les ateliers domestiques soient toujours tenus en état de propreté et que les produits de ces ateliers soient soumis à l'examen de l'inspecteur qui constate s'ils sont exempts de vermine ou de germes de contagion. Après constatation de ces germes dans l'atelier ou dans un des articles qui en sortent ou qui s'y confectionnent, l'inspecteur doit en référer à l'office d'hygiène qui prendra les mesures convenables.

C'est donc, lorsque l'inspecteur le veut, une véritable mise à l'index ou, en terme américain, le *boycottage* de l'industrie du vêtement confectionné à domicile (1).

Le commerçant qui vend ou met en vente des articles fabriqués à domicile doit appliquer sur chacun d'eux une fiche portant les mots « *tenement made* » (fabriqué dans un local de location) et le nom de l'Etat et de la ville dont ils proviennent.

Ces différentes mesures, sanctionnées du reste par une légère amende de 50 à 100 dollars pour chaque contravention, ont produit un excellent effet, quant à l'Etat des Massachusetts. Il n'y a pour ainsi dire plus trace de « sweating », mais malheureusement le mal n'est pas détruit, il n'est qu'éloigné et les sweaters se sont expatriés dans les Etats voisins, dont la réglementation est moins sévère. C'est une preuve nouvelle du besoin en Amérique d'une législation fédérale pour ce qui concerne les questions ouvrières.

Pensylvanie.

Une loi, du 5 mai 1897, règle, dans l'Etat de Pensylvanie, l'occupation et les précautions à prendre pour la santé et la sécurité des individus employés à la fabrication des habits et de certains autres articles. Cette loi a remplacé une loi du 11 avril 1895, deve-

(1) *Inspection of Workshops, Annual report*, 1896.

nue presqu'inutile par suite du développement inouï des ateliers de famille qu'elle n'atteignait pas. Pour remédier à cet état de choses, le législateur de 1897 n'a pas voulu faire de distinctions entre l'atelier de famille et l'atelier à domicile employant des étrangers. Le texte de la loi est formel : Aucune chambre ou logement d'une maison de location ou d'habitation ne doit être employé à la fabrication de vêtements, etc., et nulle personne, maison de commerce ou corporation ne doit louer ou employer un individu à ce travail dans une chambre ou local, bâtiment ou partie de bâtiment quelconque, sans avoir obtenu un permis par écrit de l'inspecteur de fabrique ou de ses employés, dans lequel sera mentionné le nombre maximum des individus qui pourront y travailler et qui constatera que le local servant à ce travail est propre, sain et approprié au genre de production. Ce permis peut toujours être retiré par l'inspecteur, pour raison de salubrité publique ou d'hygiène des individus employés.

Donc, ici, plus de distinctions, travail de famille ou travail avec l'aide d'étrangers, c'est tout un. La question d'hygiène publique et de protection sociale a primé la question de liberté individuelle. Quels résultats donnera cette loi, l'avenir nous le dira, car le fait est encore trop récent pour pouvoir hardiment se prononcer.

Outre cette prescription toute nouvelle, la loi de

Pensylvanie en contient d'autres plus ou moins renouvelées des législations voisines, entre autres, la nécessité pour toute personne, maison de commerce ou corporation, de ne délivrer du travail à un individu que sur présentation de son permis et, de plus, obligation de tenir un registre contenant les noms et adresses des ouvriers travaillant à domicile. L'inspecteur peut toujours exiger la présentation de ce registre et copie doit lui en être délivrée sur sa demande.

Le cube d'air pour chaque travailleur ne peut être inférieur à 250 pieds et c'est à l'inspecteur qu'incombe le soin de faire ventiler convenablement les locaux employés à l'industrie du vêtement et de les faire tenir en état de propreté.

L'inspecteur peut également, s'il le juge utile, faire établir des portes de sortie ou prendre d'autres mesures relatives aux incendies.

L'affichage de la présente loi est obligatoire, aussi bien chez les entrepreneurs que chez les ouvriers en chambre.

La sanction de cette loi est du reste assez sévère en effet, une première contravention est punie d'une amende de 20 à 50 dollars ; pour la deuxième, l'amende monte entre 50 et 100 dollars ou bien est remplacée par un emprisonnement de dix jours au maximum ; en cas de troisième récidive il y a cumul des deux peines, l'amende ne pouvant être inférieure à 250 dollars et l'emprisonnement pouvant aller jusqu'à trente jours.

Cette réglementation du travail est trop récente, avons-nous fait remarquer, pour que nous puissions être sérieusement fixés sur son application, cependant il semblerait que le principe de la réglementation du travail de famille fût bien près d'être admis (1). Cette réglementation n'a pas été du reste inventée de toutes pièces par le législateur de Pensylvanie et nous allons en retrouver les bases en étudiant la loi de fabrique de la colonie australienne de la Nouvelle-Zélande.

Section V. — Nouvelle-Zélande

Tout local où deux individus ou plus sont occupés, contre salaire ou récompense, à un travail professionnel, ou à préparer ou confectionner des marchandises pour le commerce où la vente est considéré comme *workroom* (atelier) par la loi new-zélandaise du 18 octobre 1894.

L'entrepreneur qui fait travailler au dehors est forcé de tenir une liste exacte des travaux exécutés.

(1) *The Commonwealth of Pennsylvania.*

Cette liste doit également contenir le nom et l'adresse des individus qui y travaillent et les salaires payés. La sanction est une amende qui peut aller jusqu'à dix livres. Cette liste sert d'indication à l'inspecteur de fabrique qui pourra visiter les locaux où s'effectue le travail à toute heure raisonnable de jour.

C'est surtout l'industrie de la confection à domicile que cette loi a voulu atteindre et nous pouvons dire, dès maintenant, que si elle n'a pas fait disparaître le sweating, elle a tout au moins contribué à remédier à ce qu'il a de dangereux pour la société.

Pour qu'il y ait réglementation, nous avons vu qu'il fallait la réunion de deux individus ou plus travaillant ensemble. En fait, les ouvrières isolées sont rares et, le plus souvent, la femme qui travaille à domicile a des enfants ou des parents qui sont occupés avec elle. Nous ne sommes plus alors en présence d'une chambre de sweater, mais bien d'un atelier que peut visiter l'inspecteur et dans lequel il peut prendre des mesures sanitaires pour éviter que des effets contaminés s'en aillent porter au dehors le germe de maladies contagieuses.

Le travailleur à domicile a, du reste, intérêt à ce que la chambre où il travaille avec sa famille soit considérée comme atelier, car alors il est dispensé de la fiche infamante imposée aux objets fabriqués par des travailleurs isolés. En effet, tout entrepreneur, qui fait fabriquer à la pièce dans un logement particulier ou un local non reconnu comme atelier, doit faire apposer, sur chaque pièce de vêtement, ainsi fabriquée, une étiquette indiquant sa provenance. Tout marchand qui ne se conforme pas à cette prescription, ainsi que toute personne qui détache cette fiche avant la vente, est passible d'une amende de 10 livres. On comprend facilement que les vêtements portant cette étiquette qui, en fait, veut dire : article fabriqué dans les plus mauvaises conditions d'hygiène, soient, de la part de l'acheteur, l'objet d'une légitime suspicion.

Si cette loi de 1894 avait de grands avantages au point de vue de l'hygiène générale, elle ne pouvait rien pour les salaires ouvriers. En effet, elle exigeait bien que les salaires payés par les entrepreneurs fussent inscrits sur un registre à la disposition des inspecteurs, mais ceux-ci étaient impuissants pour empêcher que le salaire payé par l'entrepreneur principal ne restât pour la plus grosse part entre les mains des sous-entrepreneurs. C'est surtout pour remédier à cet état de choses défectueux que fut édictée une nouvelle loi du 12 octobre 1896. Elle défend au propriétaire d'atelier, qui donne à un individu des étoffes qui doivent servir à confectionner des vêtements au dehors, de permettre que cet individu sous-loue en quelque manière que ce soit, directement ou indirectement, ce travail soit à la pièce soit d'une autre manière et qu'il l'exécute ailleurs que dans son propre local, par lui-même ou avec l'aide de ses propres auxiliaires payés par lui. L'amende, en cas de contravention de la part de l'individu qui doit confectionner le vêtement, est pour lui de 10 livres et pour le propriétaire d'atelier qui permet ou souffre sciemment que cette contravention soit commise, elle peut s'élever à 50 livres. Si les employés du propriétaire d'atelier ont eu connaissance de faits délictueux, le propriétaire est également réputé les avoir connus.

Une autre prescription de la loi de 1896 a pour but de restreindre le danger des maladies contagieuses dans les ateliers domestiques. Il est interdit de faire confectionner dans un atelier ou logement des vêtements quelconques, s'il se trouve, au su du propriétaire, un individu atteint d'une maladie infectieuse ou contagieuse, ou si un tel individu y a séjourné pendant la dernière quinzaine, sans qu'on ait fait désinfecter l'atelier ou le logement.

La réglementation va même jusqu'à interdire à un individu, occupé dans une fabrique ou atelier, d'effectuer, pour cette fabrique ou atelier, un travail au dehors. La sanction est une amende pouvant aller jusqu'à 10 livres pour le chef d'atelier et à 5 livres pour l'ouvrier. C'est la suppression pure et simple de la facilité pour les chefs d'ateliers de tourner les lois ouvrières en donnant du travail à emporter après que la journée légale est finie.

Si nous résumons la loi new-zélandaise, nous voyons que le travail en chambre est réglementé par elle sur déjà bien des points : 1° Diminution notable des ateliers non surveillés, puisqu'il suffit de la réunion de deux personnes travaillant ensemble pour que le local ainsi habité soit considéré comme atelier et, partant, soit l'objet de visites de l'inspecteur ; 2° Suppression de toute la catégorie des sous-entrepreneurs qui vivaient aux dépens des ouvriers et qui, par les retenues incessantes opérées sur les salaires, étaient devenus les véritables artisans du « sweating system » ; enfin, 3° Entrave à la concurrence faite aux ouvriers en chambre par les ouvriers d'ateliers qui emportaient du travail à faire chez eux après leur journée à l'atelier. Ce que la loi de Nouvelle-Zélande n'a pas fait, c'est de tenter de relever les salaires vraiment dérisoires des ouvriers et ouvrières travaillant en chambre à l'industrie du vêtement. C'est à une autre colonie australienne, la colonie de Victoria, que revient l'honneur de cette tentative.

Section VI. — Victoria

La loi de fabrique de Victoria actuellement en vigueur est du 28 juillet 1896. — D'après cette loi, tout bâtiment ou local, où quatre individus, non Chinois, ou plus sont occupés à un travail professionnel ou à la confection de marchandises destinées à la vente, est considéré comme fabrique ou atelier et par conséquent soumis à la présente loi. Pour les locaux où travaillent des Chinois, comme les abus étaient encore plus à craindre, on a décidé d'appliquer la loi, même où il n'y avait qu'un seul individu de cette race.

Pour les ateliers, la journée légale de travail est de 8 heures et les chefs d'ateliers ne s'en plaignent pas. Que diraient les grands couturiers parisiens, à qui onze et même douze heures de travail ne suffisent pas, s'ils étaient soumis à une semblable réglementation.

Pour le travail en chambre, voici quelles sont les principales dispositions prises à son sujet : Tout propriétaire d'atelier, qui fait exécuter un travail ailleurs que dans son atelier, doit tenir une liste de l'espèce et de la quantité de travaux exécutés au dehors, avec les noms des ouvriers employés et le chiffre des salaires payés pour chaque article confectionné.

En cas de contravention, l'amende peut être pour celui qui donne l'ouvrage de 2 livres par jour.

Cette liste sert d'information aux inspecteurs qui, seuls, peuvent visiter les ateliers domestiques à toute heure raisonnable de jour.

Tout propriétaire d'atelier est même tenu d'envoyer cette liste à l'inspecteur en chef, à quelque moment qu'il la demande.

Au cas où un entrepreneur aurait été condamné pour violation des prescriptions ci-dessus, l'inspecteur pourrait faire imprimer sa liste dans la *Government Gazette*, mais c'est là une dérogation à un article de cette même loi qui défend aux inspecteurs, sous peine d'une amende pouvant aller à 100 livres, de violer le secret de ces listes; c'est donc là une mesure toute coercitive prise seulement en cas de violation de la loi.

Quiconque délivre ou donne la permission de délivrer des matériaux devant servir à confectionner des articles de vêtements hors de chez lui, si ces vêtements sont destinés au commerce ou à la vente, est considéré comme propriétaire d'atelier et par conséquent soumis aux dispositions de la présente loi. Cependant si une personne a agi, *bona fide*, sans nulle intention de violer la loi et que cette personne ait donné à l'inspecteur toutes les informations qu'il était en son pouvoir de fournir, l'amende prévue par la loi ne sera pas appliquée.

Toute personne qui, en dehors d'une fabrique ou d'un atelier, prépare ou confectionne, en tout ou en partie, des vêtements ou articles de vêtement pour le commerce ou la vente, doit faire connaître à l'inspecteur central son nom et son adresse, ainsi que, de temps à autre, ses changements d'adresse. La franchise postale est accordée pour les lettres ainsi adressées à l'inspecteur, à la condition de porter les mots: Sur la base de la loi des fabriques et ateliers de 1896.

Toute personne, enregistrée de cette manière, doit répondre à toutes les questions qui lui sont posées par un inspecteur au sujet de la personne pour le compte de qui les vêtements sont confectionnés et des salaires payés pour chaque pièce. Les femmes et les filles ne doivent être interrogées que par des inspectrices. Tout ouvrier qui commet une infraction à ces règles est passible d'une amende qui peut aller jusqu'à 10 schellings.

Nous arrivons ensuite au passage le plus important de la loi de 1896, à celui qui fixe les bases du salaire minimum.

Pour la fixation des prix ou salaires minima à payer à toute personne occupée à la confection d'une pièce quelconque d'habillement, que le travail soit fait dans un atelier patronal ou au dehors, le Gouverneur royal peut, s'il le trouve convenable, nommer au conseil de la Couronne une Commission spéciale, composée de quatre membres au moins et de dix au plus, dont l'élection sera réglée par une ordonnance, et d'un président.

Le Gouverneur peut destituer chaque membre de cette commission et le faire remplacer de la même manière que pour l'élection primitive.

Pour arriver à la fixation des salaires minima, la Commission spéciale doit prendre en considération la nature, l'espèce et la classe du travail en question ainsi que son mode d'exécution.

Quant à la composition de la Commission spéciale, la loi exige que les propriétaires d'ateliers et les ouvriers employés par eux soient également représentés. Dans les quinze jours de leur nomination, les membres de cette commission ont à proposer, en dehors d'eux, un président. Le Gouverneur, sur la résolution prise par le conseil de la couronne, le confirmera dans sa fonction. Au cas où il n'y aurait pas de proposition faite par la commission dans les quinze jours sus-énoncés, le Gouverneur nommera le président sur la recommandation du ministre au conseil de la Couronne.

Dans cette commission, les décisions sont prises à la simple majorité.

Pour tous les articles qui sont de son ressort, elle fixera les prix ou salaires minima qui devront être payés à une personne pour la préparation ou l'achèvement en tout ou en partie des articles qu'elle spécialisera.

Un tableau indiquant les salaires fixés par la commission devra être apposé dans l'atelier de l'entrepreneur qui distribue de l'ouvrage au dehors. Une copie de ce tableau devra aussi être remise par l'entrepreneur à toute personne qui fabrique les articles dont il s'agit en dehors de l'atelier patronal.

Pour le travail effectué en dehors de la fabrique,

le salaire doit être établi aux pièces ; pour le travail effectué dans l'atelier patronal, la commission peut fixer les salaires aux pièces ou à la journée ou bien des deux manières, suivant qu'elle le jugera convenable.

Les salaires fixés par une commission spéciale entreront en vigueur 15 jours après la décision, et, pour les abroger, il faudra une nouvelle décision de la commission.

Quand la commission a fixé les prix ou salaires minima, elle doit également fixer le chiffre proportionnel des apprentis ou jeunes ouvriers âgés de moins de 18 ans qui peuvent être employés dans un atelier d'habillement, ainsi que le salaire minimum qui doit leur être payé pour la préparation ou la confection de chacun des articles de vêtements qui auront été désignés par la commission.

Au cas où une personne quelconque emploie ou permet d'employer un ouvrier ou un apprenti avec un salaire moindre que celui fixé par la commission, ou bien qu'elle emploie un nombre d'apprentis supérieur à celui qu'elle devrait employer, cette personne est punie, à la première contravention, d'une amende pouvant atteindre 10 livres ; à la deuxième contravention, l'amende varie entre 5 et 25 livres ; enfin, pour la troisième et les suivantes, l'amende s'élève entre 50 et 100 livres ; de plus l'enregistrement de la fabrique ou de l'atelier d'un individu qui a été condamné pour une troisième infraction à cette loi doit être interdit par l'inspecteur en chef.

La décision de la Commission spéciale doit être signée par son président et publiée dans la *Government Gazette* et elle s'applique à toutes les villes et villages désignés par le Gouverneur.

Quels seront les résultats de cette loi? L'avenir nous le dira. Ce que nous pouvons dire, dès aujourd'hui, c'est que la loi est acceptée d'une façon à peu près unanime. Les résultats pourront être plus ou moins bons, mais il n'en est pas moins vrai qu'on peut aller très loin dans la réglementation légale du travail.

Nous venons de passer en revue toutes les législations présentant un intérêt pour notre étude et nous avons vu combien, suivant les pays, sont différentes les réglementations de l'industrie du vêtement. Notre but était de trouver, en étudiant les législations étrangères, les prescriptions dont il serait bon que le législateur français s'inspirât. Presque dans chaque pays, nous avons trouvé un côté nouveau ou tout au moins différent de la question, aussi serait-il assez difficile, surtout vu les différences de races, de coutumes et de mœurs, de dire dès maintenant que telles ou telles dispositions adoptées dans un pays étranger seraient bonnes pour la France. Ce que nous voulons, c'est prendre les deux principaux types d'ouvrières dont nous nous sommes occupés, c'est-à-dire l'ouvrière d'atelier et l'ouvrière en chambre et voir quel est le maximum de protection qui leur soit accordé par les différents législateurs. Nous aurons ainsi la liste complète de toutes les prescriptions légales en vigueur dans les nations dont nous nous sommes occupés, sans cependant faire un trop long résumé, car, lorsque dans différentes législations nous retrouverons la même disposition, nous choisirons, entre toutes, celle qui sera la plus favorable à l'ouvrière.

Ainsi, pour l'ouvrière d'atelier, nous avons vu que dans toutes les législations il y avait une limitation légale du travail, fort variable du reste puisque, suivant les pays, elle est de douze, onze, dix et demie, dix, neuf, et même huit heures de travail ; le chiffre maximum que nous indiquerons sera donc, pour la limitation du travail, de huit heures, chiffre fixé par la législation new-zélandaise.

Quant aux dispositions qui seront uniques, nous les reproduirons purement et simplement. Nous aurons ainsi une vue d'ensemble de la matière et, après mûre réflexion, nous pourrons choisir les prescriptions qui pourraient être utiles dans la loi française.

Nous commencerons par l'ouvrière d'atelier. Par atelier on peut généralement entendre tout local dans lequel travaillent une ou plusieurs ouvrières étrangères à la famille du chef d'atelier. Nous devons reconnaître que la législation de Pensylvanie ne fait plus de distinction entre l'atelier proprement dit et l'atelier de famille, mais comme chez nous la distinction est nettement marquée et que, pour guérir un mal, il ne suffit pas de nier son existence, nous sommes forcés d'étudier séparément les deux genres d'ateliers.

La limite d'âge la plus élevée pour l'entrée de l'enfant à l'atelier est de 14 ans. La durée du travail la plus favorable à l'ouvrière est de 8 heures avec interdiction du travail de nuit.

Le repos du dimanche est obligatoire. Au point de vue de l'hygiène et de la sécurité des travailleurs, on exige, pour que l'atelier puisse fonctionner, un permis de l'inspecteur déterminant le nombre d'ouvrières pouvant être admises dans l'atelier, car un cube de 250 pieds d'air est exigé pour chaque ouvrière.

Des mesures hygiéniques de toutes sortes peuvent être prises par l'inspecteur, en cas de maladies contagieuses, constatées dans un atelier. Le service d'inspection est du reste en collaboration avec le service sanitaire. Quand l'inspecteur reconnaît qu'un atelier n'est pas salubre, il en prévient le service d'hygiène qui fait exécuter les travaux jugés convenables.

Le travail doit être coupé par un repos pour le déjeuner qui doit être à la même heure pour toutes les ouvrières. Quant à celles qui ont un ménage à soigner, elles doivent avoir un repos d'une heure et demie.

Le travail est interdit à l'ouvrière deux semaines avant et six semaines après son accouchement. Il est interdit de donner de l'ouvrage à faire à domicile après que l'ouvrière a travaillé à l'atelier.

Non seulement le chef d'atelier, mais aussi le propriétaire de l'immeuble où se trouve l'atelier, sont responsables, et l'amende, pour une première contravention, peut être de 250 à 500 francs, ou de trente à soixante jours de prison.

Pour le travail en chambre, voici quelles sont les prescriptions légales qui s'y rapportent :

Le travail en chambre n'est soumis à une réglementation, autre que celle des ateliers proprement dits, que quand les personnes travaillant ensemble sont d'une même famille.

Le chef de famille, qui veut travailler avec les siens à la confection de vêtements quelconques, doit obtenir un permis délivré par l'inspecteur, après visite de la chambre ou logement devant servir d'atelier.

Les ouvriers en chambre, qui n'ont pas obtenu ce permis, sont obligés de fixer sur les vêtements fabriqués par eux, une étiquette indiquant la provenance.

Il est interdit aux entrepreneurs de confier de l'ouvrage aux ouvriers en chambre n'ayant pas de permis.

Pour faciliter l'inspection, l'entrepreneur doit tenir une liste de tous les ouvriers employés par lui, en dehors de son atelier.

En cas de maladie contagieuse, le permis accordé par l'inspecteur est retiré et les objets fabriqués sont saisis par le service d'hygiène et désinfectés, ou même détruits.

Pour venir en aide aux ouvriers à domicile et tâcher de relever leurs salaires, qui parfois sont dérisoires, voici les différentes dispositions prises par les législateurs :

Une commission spéciale, composée par moitié de patrons et d'ouvriers d'un même métier, établit les prix qui doivent être payés comme salaires minima. Chaque article de vêtement est prévu dans la liste des prix.

Les intermédiaires sont supprimés, le travail doit être remis directement à l'ouvrier par l'entrepreneur principal. On évite ainsi la série des sous-entrepreneurs qui sont la cause du « sweating-system » proprement dit.

Enfin, il est interdit aux ouvrières d'atelier d'emporter du travail à faire chez elles, après la journée légale de travail, et de concurrencer ainsi les travailleurs à domicile.

Toutes ces prescriptions sont d'ailleurs sanctionnées par de fortes amendes et même, en cas de récidive, par de la prison.

Il est évident que si, dès demain, on codifiait en France ces différentes dispositions, le résultat serait déplorable et l'application certainement impossible ; aussi, n'est-ce pas dans ce but que nous venons de faire cette étude. Ce que nous avons voulu prouver, seulement, c'est qu'on pouvait aller très loin dans la réglementation légale, tant du travail d'atelier que du travail à domicile.

Ceci posé, et étant bien admis que les pays où la réglementation est la plus forte n'ont pas eu cependant à s'en plaindre, il nous sera facile, tout en tenant compte des mœurs et des habitudes françaises, de trouver des remèdes à quelques-uns des maux dont souffre le travailleur de l'industrie du vêtement.

Toutefois, avant de rechercher ce remède légal, nous devons constater que, dans beaucoup de pays voisins et même, dans une faible mesure, chez nous, grâce à l'initiative et aux efforts tentés dans un ordre privé, on est venu sensiblement en aide à la classe ouvrière qui nous occupe.

Nous ne reculons pas devant l'ingérence de l'Etat en cette matière, mais nous sommes d'avis que, comme les charges qui incombent à l'Etat sont déjà fort lourdes, il est sage d'accepter les réformes utiles accomplies sans l'ordre de la loi. Si ces réformes ne sont pas suffisantes ou qu'il faille une sanction de la loi pour les faire réussir, que le législateur intervienne, rien de mieux ; mais si elles remplissent convenablement leur but, nous croyons qu'il est bon d'éviter une loi. Nous allons donc, avant de nous prononcer définitivement sur les mesures législatives à prendre, étudier les tentatives faites en France et à l'étranger, dans un ordre privé, pour venir en aide aux travailleurs de l'industrie du vêtement.

QUATRIÈME PARTIE

EFFORTS TENTÉS DANS L'ORDRE PRIVÉ POUR VENIR EN AIDE AUX TRAVAILLEURS DU VÊTEMENT

L'union fait la force, dit la devise belge, et nulle phrase n'est plus vraie en matière de protection ouvrière. Que peut l'ouvrière isolée, ayant besoin pour vivre du salaire journalier, contre un patron puissant ? Rien ! Ce faible n'obtiendra jamais que le salaire et les avantages qu'on voudra bien lui accorder. Mais que tous ces faibles se réunissent, de leur faiblesse naîtra une force, le syndicat, qui deviendra puissant parce qu'il représentera une masse, et qui pourra, par cela même, traiter librement avec les chefs d'ateliers et obtenir, pour tous les ouvriers réunis, des avantages que l'individu isolé n'aurait certainement pas obtenus.

Voici donc, pour l'ouvrier, un nouveau protecteur indépendant de l'Etat. Il n'y a plus là, protection légale, c'est l'ouvrier qui se protège lui-même.

En France, la loi de 1791, en supprimant les corporations, n'aurait pas atteint le but qu'elle se proposait, si elle avait laissé développer les associations d'ouvriers, car, peu à peu les corporations se seraient reformées. Le mal eût-il été bien grand, il est permis d'en douter, mais comme telle n'était pas l'opinion du législateur de l'époque, il ne faut pas s'étonner que le code, établi sur les mêmes idées, ait défendu les réunions de plus de vingt personnes. Donc, en voulant tuer les corporations, on a également tué l'esprit d'association. Cet état de choses a duré près d'un siècle, puisque notre loi sur les syndicats professionnels date seulement de 1884. Pendant cette longue période, comme l'individu se trouvait isolé, la lutte devenait impossible entre le patron et l'ouvrier, et ce dernier n'avait plus qu'à s'incliner ou à demander instamment le secours de la loi. C'était là un grand tort, car chaque individu doit avoir en lui des idées de prévoyance, de prudence et de travail, et ne pas s'habituer à attendre son salut de l'Etat seul. Nous ne saurions trop le répéter, il est bon que l'ouvrier compte sur ses propres efforts pour arriver à assurer son existence. L'ouvrier isolé ne peut rien, avons-nous dit; par l'association, il arrive à créer une force capable de défendre ses intérêts. Laissons-lui donc ce droit, car ainsi nous arriverons à soulager d'autant la tâche du législateur, tout en relevant le moral de l'ouvrier et en lui prouvant qu'il est quelqu'un.

La loi de 1884 est venue mettre un terme à l'individualisme à outrance, en autorisant la réunion des ouvriers d'une même profession en syndicat; mais, comme l'idée même d'association avait peu à peu disparu de la classe ouvrière française, les syndicats ouvriers n'ont pas encore donné tout ce qu'il est permis d'attendre d'eux.

Il y a bien un assez grand nombre de métiers où les ouvriers sont syndiqués, mais c'est seulement dans les industries employant des hommes. Jusqu'ici les syndicats féminins sont presque totalement inconnus. Il y a là une question de mœurs et même de race, car, à l'étranger, les femmes n'ont pas craint de se réunir pour la défense de leurs intérêts communs.

Dans presque toutes les grandes villes anglaises, on trouve maintenant des associations d'ouvrières. C'est, à Londres, le « Women's industrial Council » (conseil industriel des femmes), la « Women Union of Workers », union féminine d'ouvriers, et enfin la « National Union of Women Workers », union nationale des femmes ouvrières; à Manchester, Liverpool, Bristol, Glasgow, on trouve des « Women's Trade Union Councils », ou conseils du syndicat des ouvrières.

Ces associations sont, la plupart du temps, patronées par de très grandes dames, et ont pour but de faire des enquêtes sur la condition des ouvrières, de veiller à l'exécution des prescriptions légales concernant la femme et, enfin, de poursuivre l'extension de la législation protectrice des ouvrières.

Nous trouvons dans le rapport du « Women's Industrial Council » de Londres, pour l'année 1895-1896, des renseignements intéressants sur la manière de faire de ce conseil industriel féminin. Il a constitué un comité des clubs qui a pour but de se mettre en rapport avec les sociétés d'ouvrières telles que « Womens trade Union Girls Clubs » (clubs de jeunes filles), Women's settlements » (colonies de femmes), afin de vulgariser les principales dispositions légales concernant ces ouvrières, en leur distribuant des brochures qui les intéressent.

« Le conseil, dit le rapport de 1896, est décidé à se faire l'intermédiaire, grâce auquel les directrices de clubs et leurs jeunes filles pourront acquérir une connaissance exacte des mesures de protection offertes par les lois de fabriques et d'ateliers, intermédiaire qui se chargera aussi d'appliquer les remèdes prévus par la loi, quand ces remèdes seront requis. Au cours de l'année passée, nombre d'exemples de souffrances, dues à de mauvaises conditions de travail, ont été portées à la connaissance des inspecteurs par « l'Organisations Committee » et invariablement avec de bons résultats.

Nous nous rangeons absolument à l'avis du « Women's industrial Council » en ce qui concerne l'adjonction, aux syndicats d'ouvrières, d'un comité de surveillance chargé de tenir la main, concurremment avec les inspecteurs, à l'application des lois ouvrières. Le syndicat jouit d'une très grande indépendance pour indiquer aux inspecteurs les infractions commises. Le syndicat peut également prendre des précautions pour empêcher que le patron connaisse le nom du délateur. De plus, l'ouvrière sera beaucoup plus libre avec son syndicat, qu'elle fréquentera souvent, pour dénoncer une infraction, que vis-à-vis de l'inspecteur qui représentera toujours pour elle l'autorité et par cela même l'intimidera forcément.

Comme nous venons de le montrer, les syndicats féminins ont pris, en Angleterre, un grand développement, alors que chez nous un seul syndicat féminin existe dans l'industrie de la confection et encore est-ce un syndicat mixte, celui de l'*Aiguille*.

Le syndicat de l'*Aiguille* a été fondé le 24 avril 1892. Comme c'était là une tentative toute nouvelle, les fondateurs n'ont pas voulu créer seulement un syndicat d'ouvrières. Ils ont pensé que, dans l'état actuel de l'industrie du vêtement, avec la diversité des fonctions et des salaires et surtout avec les rivalités d'ouvrières des différents ateliers, il était impossible de créer un syndicat purement ouvrier, aussi ont-ils voulu plutôt créer une association basée, comme les anciennes corporations, sur la réunion des patrons, des employés et des ouvriers proprement dits.

Toutes les professions concernant l'habillement féminin rentrent dans le syndicat de l'*Aiguille;* les couturières, les modistes, les lingères, les corsetières, les plumassières, les fleuristes et toutes les professions connexes y sont comprises. « Ce que nous voulons, disait-on dans le discours de fondation, c'est l'union que nous espérons établir entre personnes de même profession, mais de conditions diverses. Et cette union, nous la voulons chrétienne, Dieu seul pouvant donner le doux lien d'amour fraternel qui maintiendra dans ses membres la bonne entente et l'harmonie, résultant d'un égal respect de leurs droits divers ».

Au début, on avait réuni dans une même conférence les ouvrières de tous les métiers, mais on s'est vite aperçu qu'il valait mieux les réunir par métier.

En effet, comme le dit une lettre adressée au Père du Lac par une première de la mode : « Tant que vous ne nous réunirez pas seules, vous n'atteindrez pas votre but ; les couturières, cela nous est égal ! Elles souffrent beaucoup plus que nous, et alors, si vous voulez arriver à un résultat tangible, nous sommes bien obligées de vous dire que nous ne sommes pas tenues de donner notre argent pour elles. Les couturières ne nous intéressent pas, nous sommes de la mode. » La réponse à ces arguments a été faite par le Père du Lac, dans une conférence du

11 septembre 1893. « L'association de l'*Aiguille* n'est pas seulement une œuvre de charité, elle est avant tout professionnelle ; elle ne poursuit pas uniquement le bien de ses membres, mais le progrès de la profession. Il y a, par conséquent, à créer ou à développer l'instruction professionnelle, à ressusciter et à fortifier l'apprentissage, pour les modes comme pour tous les autres métiers de l'aiguille. L'école professionnelle serait insuffisante, et ce serait trop peu qu'une direction générale, l'ouvrière ne pouvant se passer de conseils pratiques.

« Où les trouver, sinon dans l'association, dans le syndicat mixte des patronnes, d'employées et d'ouvrières de tous ordres ?

« Maintenant, quel est l'avantage de ce syndicat mixte ? Je vous ai parlé un peu de l'art, chemin faisant. L'avantage de l'association professionnelle mixte n'est pas seulement de moraliser, c'est de faire droit aux exigences du métier, de le développer et d'aider à celles qui commencent à s'y initier ».

Le but principal du syndicat de l'*Aiguille* est donc de faciliter l'apprentissage et de parfaire l'éducation professionnelle des ouvrières. Pour cela, des cours de dessin sont faits aux ouvrières, ainsi que des cours de travail qui équivalent à l'apprentissage, mais poussé très loin. Le syndicat, après avoir donné l'instruction professionnelle aux ouvrières, se charge également de leur trouver de l'ouvrage. Un bureau de placement gratuit est réservé aux associées. Un autre avantage du syndicat est, pour les employées et ouvrières, en cas de besoin, provenant de maladie ou de trop long chômage, de pouvoir emprunter gratuitement à la caisse de l'association.

De plus, il arrive souvent que des ouvrières, absolument ignorantes de la loi, ont à souffrir, dans des affaires de famille ou autres, de la mauvaise foi d'agents d'affaires véreux ; le syndicat de l'*Aiguille* a prévu ce cas et s'est adjoint le secrétariat du peuple où des hommes de loi, dans un but charitable, donnent aux ouvrières des conseils désintéressés pour les régularisations de comptes, de papiers de famille ou pour toutes questions contentieuses.

Enfin, les soins gratuits d'un médecin sont donnés aux ouvrières malades faisant partie du syndicat.

Pour entrer dans ce syndicat, que faut-il?

Il faut que l'ouvrière remplisse les conditions suivantes :

1° Etre Française ;

2° Agée de 18 ans au moins ;

3° Appartenir à une profession de l'aiguille ;

4° Avoir fini son apprentissage ;

5° Observer le repos du dimanche ;

6° Avoir bonnes vie et mœurs ;

7° Etre capable au point de vue professionnel ;

8° Ne pas changer à tout propos d'ateliers ;

9° Assister aux réunions de la corporation ;

10° Payer régulièrement ses cotisations.

Or, de combien sont donc ces cotisations ?

De 10 francs par an pour les patronnes, membres du syndicat, de 2 francs pour les employées et de 1 franc seulement pour les ouvrières. Ce n'est, évidemment, pas avec d'aussi faibles ressources que le Syndicat peut faire face à toutes les dépenses qui lui incombent, aussi doit-il compter sur des dons de personnes charitables.

Les réunions syndicales sont fréquentes et les ouvrières commencent à les suivre avec assiduité. L'association, étant mixte, permet aux patronnes d'être plus en rapport avec les ouvrières, et, grâce au bureau de placement du syndicat, l'ouvrière n'est pas placée dans une maison qui lui soit inconnue.

En dehors de son caractère professionnel, le syndicat de l'*Aiguille* a également un caractère charitable : les ouvrières les plus pauvres trouvent des secours dans sa caisse d'assistance, modestes, il est vrai, comme la caisse elle-même, mais qui, cependant, rendent de grands services. Une caisse de famille vient aussi en aide aux orphelins dont les mères faisaient partie de l'association. Une caisse d'encouragement vient également d'être créée pour secourir les ouvrières syndiquées qui ont à payer des cotisations à une société de secours mutuel.

Le syndicat s'est également préoccupé des ouvrières qui, vivant isolées, sont exposées aux liaisons dangereuses ; deux maisons de famille ont été fondées, 129, rue de l'Université, et cité du Retiro où, pour 600 francs par an, les ouvrières sont logées et nourries ; mais elles sont logées en commun et l'obligation de rentrer tous les soirs à neuf heures fait un peu ressembler cette vie à celle des orphelinats ou des couvents et est peut-être un peu trop sévère pour plaire aux ouvrières.

M. le comte d'Haussonville, dans un volume d'études sociales intitulé : « Socialisme et Charité », nous fait voir, qu'en Amérique, les pensions de famille réservées aux ouvrières sont bien mieux comprises que celles dont on a fait l'essai en France.

« Dans la plupart des grandes villes américaines, il existe une association, qui s'intitule Association chrétienne des jeunes femmes, et qui se propose de de prêter assistance aux jeunes ouvrières. La forme la plus ordinaire de cette assistance est la création de pensions (*boarding houses*), pour les jeunes filles, où elles trouvent, moyennant un prix assez modique, le vivre et le couvert. Peut-être, comme dans tous pays, faut-il davantage à la jeune ouvrière américaine, mais c'est déjà quelque chose de lui procurer, à bon marché, ces deux nécessités de la vie quotidienne. Pour y parvenir, plusieurs combinaisons différentes sont mises en œuvre.

« Dans certaines villes, l'existence de ces pensions

n'est qu'une simple application du principe de l'association. Les jeunes filles qui fréquentent la pension paient un prix assez élevé pour couvrir toutes les dépenses de la maison, et l'économie ne résulte pour elles que de la diminution des frais généraux résultant de la vie en commun. La charité n'intervient ici que pour prendre l'initiative de l'œuvre et pour en conserver la direction morale. Dans d'autres villes, son rôle est plus actif. Les pensions dont je parle sont principalement destinées aux ouvrières dont le salaire est insuffisant et on ne leur demande qu'une faible contribution pour leur nourriture et leur logement, la charité faisant face au surplus des dépenses. Quel que soit le principe d'après lequel ces maisons sont fondées, leur aspect et leur règlement intérieur sont à peu près les mêmes : « Rue tranquille et respectable ; antichambre et escaliers bien balayés ; bibliothèque bien fournie et bien éclairée ; chambres à coucher propres et maintenues à une température convenable ; nourriture préparée avec soin ; salon pour la conversation ou les jeux ; jeunes gens autorisés à venir presque tous les soirs. » Tels sont, d'après le rapporteur de l'enquête, les avantages que les *boarding houses* offrent aux jeunes ouvrières. A tous ces attraits s'ajoute celui de conférences qui leur sont faites le soir sur des sujets variés. Quelques-unes de ces conférences portent sur des questions d'économie politique : « Comment gagner de l'argent et comment le conserver. » D'autres, ont un objet purement moral : « L'idéal d'une femme » ; d'autres ont un caractère mixte ; celle-ci, par exemple : « Comment se procurer un mari : How to get a husband ». Le conférencier ne se charge cependant pas de dire, comme pour l'argent, « comment le garder ». Les exercices religieux tiennent une grande place dans ces maisons, mais ils ne sont nullement obligatoires, et, quelle que soit la secte fondatrice de la maison, les jeunes filles sont toujours admises sans distinction de religion.

Nous ne doutons pas que des maisons de famille ainsi comprises obtiennent un certain succès auprès des ouvrières françaises, mais les ressources actuelles du syndicat de l'*Aiguille* ne lui permettent pas de faire les choses aussi grandement En logeant et nourrissant l'ouvrière pour 600 francs par an, les maisons de famille ne font pas leurs frais et le surplus doit être couvert par des dons charitables ou par des ventes de charité. Il ne faut donc pas, pour le moment, demander au syndicat de l'*Aiguille* de faire plus qu'il ne fait, et il faut même remercier grandement les organisateurs des résultats obtenus.

Si les syndicats n'ont pas pris, en France, la force qu'ils ont en Angleterre, des tentatives ont été faites en dehors de l'association professionnelle pour venir en aide aux ouvrières de l'*Aiguille* : De ce nombre sont les Sociétés de secours mutuels et de prévoyance, les œuvres de bienfaisance, d'assistance par le travail, les restaurants spécialement réservés aux femmes.

Les deux plus importantes sociétés de secours mutuels sont, dans le métier de l'aiguille, l'*Avenir* et la *Couturière*.

L'*Avenir* est, tout à la fois, une société de secours mutuels et une société de prévoyance pour l'avenir.

Sa fondation remonte à 1863. Ses débuts furent plus que modestes et les ouvrières furent longues à adhérer à ses statuts, mais aujourd'hui la société fonctionne bien et inspire confiance aux ouvrières. Le but de la société est de faire donner à ses membres les soins médicaux et les médicaments nécessaires pendant une durée qui ne peut excéder quatre-vingt-dix jours par an, puis une pension de retraite dans la vieillesse et enfin de pourvoir au soin de leurs funérailles.

Suivant le degré de la maladie, les ouvrières faisant partie de l'*Avenir* sont soignées chez elles ou bien dans une maison de santé.

Les convalescentes sont envoyées, aux frais de la société, à l'asile du Vésinet.

Quant à la pension de retraite, qui varie de 30 à 300 francs par an, suivant les réserves pécuniaires de la société, elle est payée par la caisse générale des retraites de la vieillesse. Chaque membre de la société verse, en plus de la cotisation annuelle, 1 fr. par an, pour le service funéraire.

A chaque décès d'une des sociétaires, un terrain concédé pour cinq ans, une croix et une couronne sont payés par la société. De plus, cinquante sociétaires sont désignées pour suivre le cortège de la défunte et, en cas d'absence, l'amende est de 1 franc. Cette amende est portée aux recettes du service des funérailles.

La *Couturière*, dont M. Worth est président, est, plus particulièrement, une société de secours mutuels. Comme toutes les sociétés similaires, elle fait donner aux sociétaires les soins du médecin en cas de maladie et paie les médicaments prescrits, mais, de plus, elle accorde une indemnité de 50 francs aux femmes en couches qui cessent de travailler pendant un mois et, au cas où la femme allaite son enfant pendant deux mois, ajoute une nouvelle indemnité de 25 francs.

Les soins sont donnés aux malades et aux accouchées, non seulement par des médecins de quartier, mais dans les cas graves par des spécialistes du plus grand talent. La *Couturière* prend, comme l'*Avenir*, les enterrements de ses sociétaires à sa charge. De plus, les ouvrières sont placées par les soins de la société et une caisse de prêt gratuit a été créée pour ses adhérentes.

Les cotisations sont de 2 francs par mois pour les sociétaires, de 30 francs par an pour les membres honoraires ; quant aux membres honoraires perpétuels, ils paient, une fois pour toutes, une somme de 300 francs et les membres fondateurs, une somme unique de 1 000 francs. Actuellement, la société se compose de près de 1 300 ouvrières, mais les frais de la société ne sont couverts que grâce aux membres honoraires.

Une autre société de secours mutuels assez importante encore et spéciale aux ouvrières de l'aiguille est la *société de secours mutuels entre jeunes ouvrières*. Fondée le 22 novembre 1875, elle vient en aide aux ouvrières malades.

Pendant trois mois elles ont droit à un lit dans la maison de l'œuvre de Marie-Auxiliatrice, 17, rue de La Tour d'Auvergne, où elles sont soignées gratuitement. Les ouvrières mariées sont soignées à leur domicile et touchent, pendant un maximum de deux mois, une indemnité de 1 franc par jour. En cas d'accouchement, l'indemnité est payée pendant vingt jours. Les sociétaires sans place ont droit à un lit gratuit pendant un mois, mais non à la nourriture. Les obsèques sont également aux frais de la société.

Les cotisations sont de 1 fr. 50 par mois pour les sociétaires et de 25 francs par an pour les membres honoraires. Les membres donateurs paient 50 francs par an et les membres fondateurs 100 francs.

Une autre société fondée, sous le patronage de Mme Carnot, par les chambres syndicales de la confection et de la couture, est bien plus une société charitable qu'une mutualité, bien qu'elle s'appelle la *Mutualité maternelle*.

En effet, l'ouvrière, pour la modeste somme de 3 francs par an, a droit, en cas d'accouchement, à une somme de 18 francs par semaine pendant un mois pour lui permettre d'élever son enfant pendant le premier mois sans se séparer de lui. Dans ces conditions, la société ne pourrait pas faire face à ses engagements si les membres honoraires payant 20 francs par an et les membres fondateurs payant une somme unique de 100 francs, ne lui venaient en aide.

A côté de ces sociétés de secours mutuels et de bienfaisance, nous trouvons des fondations ayant pour but l'assistance par le travail. De ce nombre sont : l'*Hospitalité du travail, l'Œuvre des mères de famille, la Société de bois et charbons de Batignolles-Monceau, l'Union d'assistance par le travail du* XVIe *arrondissement*, pour ne parler que de celles qui viennent spécialement en aide à l'ouvrière. Ces œuvres d'assistance par le travail permettent à l'ouvrière de gagner un léger salaire pendant la morte saison ; ce salaire, bien que modique, ajouté à ce que l'ouvrière gagne pendant la saison, peut lui permettre d'équilibrer son budget. Un des grands écueils, auxquels se heurtent ces œuvres d'assistance, est, en venant en aide à certaines ouvrières, de concurrencer les autres, aussi ne faut-il pas dépasser une juste mesure dans l'assistance. Une des œuvres les mieux organisées à ce point de vue est celle de Lyon.

L'œuvre lyonnaise de l'assistance des femmes par le travail a pour objet de venir en aide aux femmes malheureuses qui sont momentanément sans emploi et désirent se procurer, en travaillant, des moyens honnêtes d'existence. Elle secourt les femmes sans distinction d'origine et de culte. Toute personne qui désire être secourue en doit faire la demande à un des membres de l'Association. Elle en reçoit, après enquête, un bulletin d'admission. Le résultat de l'enquête doit être remis, à titre confidentiel, au siège de l'œuvre.

Sur la présentation du bulletin de travail à l'ouvroir de l'association, toute femme sera chargée de confectionner, moyennant un prix déterminé, les travaux de couture, lingerie, blanchissage ou autres acceptés et déterminés par le conseil d'administration de l'association. Le secours accordé n'est pas limité, cependant il doit être temporaire. Il est proportionné au travail accompli. Les femmes secourues doivent le considérer comme une aide passagère, destinée à leur permettre de chercher et d'attendre un emploi ou un travail plus lucratif. Les secours doivent, autant que possible, être donnés en nature, exceptionnellement en argent. En plus de ce secours passager, l'œuvre fait fonction de bureau de placement. Elle se procure et donne toutes les explications nécessaires aux femmes malheureuses qui sont en quête de travail plus rémunérateur. A cet effet, elle reçoit les offres et demandes d'emploi : elle ne peut donner des renseignements qu'à titre gratuit ; enfin, en cas d'extrême nécessité, l'œuvre hospitalise, dans la mesure où elle le peut, les femmes secourues. Ce sont des cotisations et des dons ou subventions qui composent les ressources de l'Œuvre et il semble que depuis le 23 juillet 1894, date de la fondation de l'association, elle ait rendu d'assez grands services. Le salaire quotidien payé par cette œuvre est en effet égal à celui que payent les magasins ; comme il n'y a ici aucune retenue, que le bénéfice prélevé par le fabricant sur les achats de la matière première et celui de l'entrepreneur se trouvent supprimés, les ouvrières arrivent à gagner de 1 fr. 50 à 4 francs, suivant leur habileté, ce qui n'est pas à dédaigner pendant la morte saison.

Parmi les œuvres parisiennes que nous avons citées, la plus importante est celle de l'*Hospitalité du travail* qui donne aux hommes sans travail des travaux de menuiserie et aux femmes des travaux de lingerie ; les différents objets, ainsi fabriqués, sont vendus au siège de l'œuvre, 52, Avenue de Versailles.

L'*œuvre des mères de famille*, dont le siège est 53, rue des Saints-Pères, s'occupe également de procurer du travail facile (torchons, chemises communes, layettes d'enfants, draps de lits) aux ouvrières sans travail.

La *société de Batignolles-Monceau et l'union d'assistance du* XVIe *arrondissement,* qui fusionne du reste avec la société précédente, donne aux ouvrières des sacs en papier à confectionner.

Quant aux restaurants réservés aux femmes, c'est sur l'initiative du syndicat de l'*Aiguille* qu'ils ont été fondés. Le but des fondateurs a été d'éviter à l'ouvrière isolée les dangers de la gargote et de ses promiscuités, en établissant à proximité des grands ateliers, place du marché Saint-Honoré et rue de Richelieu, des restaurants réservés aux ouvrières et où, grâce au caractère charitable de l'œuvre, le confortable est joint au bon marché.

En effet, que désirent les personnes qui dirigent ces restaurants ? Rentrer dans leurs frais ou à peu près, sans que jamais l'idée d'un gain quelconque leur vienne à l'esprit.

Il suffit pour s'en convaincre de consulter la carte des prix, étant bien convenu que la nourriture donnée est saine, fraîche et bien préparée :

Pain, le morceau	0 fr. 05
Vin, le demi-setier ou 1/4 de litre .	0 fr. 15
Potages	0,10 et 0 fr. 15
Bœuf bouilli avec bouillon et légumes	0 fr. 35
Ragout	0 fr. 30
Viande rôtie ou grillée	0 fr. 40

Poissons	0,30 et 0 fr. 40
Légumes.	0,10 et 0 fr. 15
Salades	0,10 et 0 fr. 15
Desserts	0,10 et 0 fr. 15
Café	0 fr. 10

On comprend que, dans ces conditions, les restaurants arrivent à peine à recouvrer le prix des aliments vendus. Quant au loyer, c'est grâce à des dons généreux qu'il est payé.

Malgré les avantages incontestables de ces restaurants, ils ont été longtemps avant de s'acclimater. Ce qui est un péril pour l'ouvrière paraît à ses yeux tout le contraire et c'est avec peine qu'elle quitte la gargote pour le restaurant d'ouvrières. Quoi qu'il en soit, l'idée fait son chemin et les résultats deviennent, peu à peu, très appréciables.

De ces tentatives particulières, presque toutes viennent en aide à l'ouvrière d'atelier et laissent de côté l'ouvrière à domicile. En France, du reste, aucune tentative spéciale n'a été faite en faveur de cette dernière.

Nous avons vu, en étudiant les conditions du métier, que l'insalubrité des ateliers et le peu d'élévation des salaires étaient les deux grands maux de l'industrie à domicile. Pour le premier de ces maux, la Suisse et l'Angleterre ont cherché un remède dans la création d'ateliers généraux et pour le second, l'Allemagne a fait une tentative de relèvement lors de la grève de 1896.

C'est dans le canton de Zurich que fut agitée la question de savoir si les entrepreneurs, au lieu de donner du travail à faire à domicile, ne devraient pas être forcés de créer des ateliers. On avait remarqué que le nombre des ouvriers en chambre allait toujours en augmentant et que, en raison de la loi de l'offre et de la demande, les salaires diminuaient; dans ce qu'on appelait les « districts à confection », la journée, quoique portée à quatorze ou seize heures, parvenait à peine à nourrir les travailleurs. Dans une brochure, parue en mai 1891, les syndicats de Zurich montraient que c'était une ironie de faire prélever à l'ouvrier, sur le salaire qu'il recevait auparavant, comme ouvrier d'atelier, les frais de son éclairage, de son loyer, de son chauffage, de sa machine, seulement pour pouvoir travailler et mener une vie que, dans la plupart des cas, on doit qualifier de misérable, si l'ouvrier ne cherche pas à se maintenir en recourant à l'exploitation des forces des enfants et des apprentis.

Ce que les ouvriers voulaient obtenir, c'était de faire entretenir des ateliers généraux aux frais des patrons, mais ceux-ci furent unanimes à refuser.

Tout ce que le syndicat des tailleurs de Zurich put faire, pour venir en aide aux ouvriers en chambre, fut de créer un atelier central mis à la disposition des ouvriers moyennant une légère cotisation. Mais sur 600 ouvriers en chambre que compte Zurich, 18 ou

20 à peine fréquentent l'atelier central, c'est donc un résultat assez médiocre. De plus, l'atelier central, s'il répond aux besoins des hommes travaillant à domicile, ne peut souvent être d'aucune utilité aux ouvrières qui, pour la plupart, ne vont pas travailler à l'atelier parce qu'elles ont besoin chez elles.

Malgré cela, les idées de protection de l'ouvrier à domicile ont fait leur chemin et un projet de loi du gouvernement de Zurich contient, à cet égard, les dispositions suivantes : Les logements où un travail industriel est exercé doivent satisfaire à toutes les exigences de l'hygiène ; ils doivent être suffisamment grands, en considération du chiffre d'individus qui y sont occupés, clairs, secs, susceptibles de chauffage et de ventilation aisée ; ils ne doivent servir ni de dortoir ni de cuisine. On ne doit pas établir d'ateliers dans les sous-sols. Les entrepreneurs qui donnent de l'ouvrage à exécuter au dehors sont responsables de ce que les logements, servant d'ateliers à leurs ouvriers, satisfassent aux prescriptions de cette loi. Les autorités sanitaires locales sont chargées de faire observer le règlement. Un rapport annuel doit être fait par elles, à cet égard, à la direction du bureau de salubrité. Les dispositions de la loi fédérale sur la journée maxima et l'interdiction du travail de nuit s'appliquent à tout travail industriel.

On voit que, dans ce projet de loi la journée de onze heures serait appliquée à la petite industrie et même au travail en chambre. De plus, au cas où la journée légale serait diminuée pour la grande industrie, ce qui pourrait arriver dans un temps très court, la journée serait également diminuée pour la petite industrie et aussi pour le travail en chambre.

En Angleterre la même question fut agitée, en 1891, au moment de la grève des tailleurs. Les ouvriers demandaient des ateliers sains, entretenus aux frais de l'entrepreneur; ils suivaient en cela l'exemple du syndicat des bottiers et cordonniers dont les revendications à ce sujet avaient été acceptées par les entrepreneurs. Pour l'industrie du vêtement, la réussite fut moins complète; il y eut bien, pour terminer la grève, une entente entre entrepreneurs et ouvriers décidant la création d'ateliers ou bien la surveillance des locaux en tenant lieu, mais cette mesure fut appliquée avec mollesse et finalement n'aboutit pas.

Quant au relèvement des salaires, c'est en Allemagne qu'il fut tenté. Nous avons parlé du « sweating system » et dans les exemples que nous avons cités, plusieurs, empruntés à Oda Olberg, avaient justement rapport au travail en chambre à Berlin. Il n'y a peut-être pas au monde, en effet, de ville où, plus qu'à Berlin, ce travail soit mal rétribué et exécuté dans des conditions d'hygiène plus désastreuses.

Les ouvriers, lassés d'un état de choses aussi déplorable, ont alors tenté de former, dans le parti socialiste-démocrate, une organisation de métier. Dès

1893, cette organisation convoqua des congrès dont les vœux portaient toujours sur l'extension de l'inspection de fabrique à l'industrie à domicile et à la suppression des intermédiaires dans les marchés passés entre entrepreneurs et ouvriers ; on demandait également au gouvernement de veiller à l'application de ces réformes et d'exiger des ateliers où les conditions hygiéniques soient normales.

Toutes ces demandes furent rejetées et une commission de 5 personnes fut nommée pour préparer l'agitation et obtenir les réformes demandées en changeant le courant de l'opinion. Tous ces efforts pacifiques ne réussissant pas, le syndicat convoqua à Erfurt, le 24 novembre 1895, un nouveau congrès où furent votées les motions suivantes, adressées aux patrons et entrepreneurs :

1° Adoption d'un tarif normal fixe des salaires, aussi bien dans la confection pour homme que dans la confection pour dames. Les tarifs, et chaque magasin ne doit en avoir qu'un seul, doivent être affichés bien en vue ;

2° Des ateliers généraux doivent être créés avant le 1er février 1896.

3° Une commission d'arbitrage doit être instituée pour juger les différends entre patrons et ouvriers. Cette commission doit être composée, par moitié, de patrons et d'ouvriers ;

4° Politesse envers les ouvriers ; interdiction des

mots grossiers et des peines corporelles infligées encore quelquefois dans des moments de colère ;

5° Rapidité des livraisons de travail et de la réception des articles terminés. 40 pfennigs payés par heure d'attente ;

6° Règlement des salaires tous les samedis ;

7° Création de bureaux de placement dirigés par des ouvriers.

Le terme fixé pour la mise en demeure était le 1er février 1896. En cas de refus, les patrons ou entrepreneurs étaient menacés d'une grève générale.

Aucun patron n'ayant répondu avant le 1er février 1896, la grève était forcée. Le gouvernement était, en principe, favorable aux réformes, mais il ne voulut pas en prendre l'initiative. Le 10 février 1896, la grève fut déclarée et tous les ouvriers et ouvrières de la confection, dont le chiffre dépasse 30 000 à Berlin, y adhérèrent. Stettin, Breslau, Erfurt, et Dresde suivirent l'exemple de Berlin. Pendant tout le temps que dura la grève, des secours considérables furent fournis, non seulement par les associations ouvrières et les syndicats socialistes, mais aussi par des associations de femmes du monde, comme l'association des Dames de Berlin, et par un nombre considérable de simples particuliers. Après une semaine de grève, les patrons sentirent le besoin d'un arbitrage et ce fut le Conseil des prud'hommes qui fut choisi à cet effet. Les résultats de l'arbitrage furent loin d'être les mêmes pour les ouvriers et ouvrières travaillant à la confection pour hommes, que pour ceux travaillant à la confection pour dames. Ces derniers, craignant de voir s'éterniser la grève, cédèrent et n'obtinrent presque rien des patrons. Quant aux ouvriers travaillant à la confection pour hommes, ils furent plus tenaces et ne voulurent céder qu'à la condition de voir reconnaître le bien-fondé de leurs réclamations et d'obtenir une solution.

Voici l'arrangement intervenu entre patrons et ouvriers, le 19 février 1896 :

1° Les patrons devront majorer les salaires, jusqu'ici en usage, de 12 1/2 0/0, à la condition toutefois que, grâce à cette majoration, le salaire atteigne le minimum proposé par les patrons eux-mêmes. Puis, suit le tableau de ces tarifs minima, qui n'a pas d'intérêt pour nous puisqu'il ne doit être que momentané.

2° Il est interdit de donner du travail à un prix inférieur à celui du tarif.

3° L'affichage du tarif est prescrit dans chaque magasin.

4° Les entrepreneurs s'engagent à payer le montant intégral du tarif aux ouvriers.

5° Les patrons de magasins de confection s'engagent à ne plus employer d'entrepreneurs ne se conformant pas à l'article précédent et, de même, les entrepreneurs s'engagent à ne plus travailler pour les patrons qui ne s'y conformeraient pas.

6° La grève doit cesser immédiatement.

7° Le conseil d'arbitrage fixera un tarif minimum très détaillé, d'après de nombreuses enquêtes.

8° Il sera créé une commission chargée de statuer sur les contestations de tarif, d'organiser une nouvelle méthode de donner et recevoir le travail et enfin de s'entendre sur l'affichage du nouveau tarif.

9° Les comptes doivent être réglés au moins tous les mois.

10° Les actes d'arbitraire et de violence sont interdits.

Cette décision du conseil arbitral ne fut en réalité qu'un *modus vivendi* et, peu de temps après, les patrons dénonçaient les conventions acceptées par eux en février 1896. Malgré cela, le conseil arbitral n'en a pas moins continué son œuvre et, quelque temps après, il donnait un tableau des salaires minima correspondant aux qualités inférieures des objets de confection. Les patrons avaient prétendu que l'application des salaires minima ruinerait l'industrie berlinoise du vêtement, mais, en réalité, les tarifs sont les mêmes que ceux acceptés par les patrons lors de la grève. Comment ce tarif est-il appliqué ? voilà ce qu'il est difficile de préciser, car certains patrons les acceptent totalement, d'autres les acceptent en partie, et enfin certains n'en tiennent aucun compte. Les résultats de l'arbitrage sont donc bien modestes ; ce qu'il faut en retenir, c'est qu'il y aurait possibilité, pour les ouvriers travaillant à domicile, de se réunir, pour obtenir des patrons certains avantages sans attendre qu'une loi, presque toujours tardive, vienne les forcer à le faire.

Nous en avons ainsi terminé avec l'étude de la protection des travailleurs du vêtement ; nous avons passé en revue différentes lois donnant des solutions aux problèmes que nous voulions résoudre et nous avons étudié les essais tentés, dans l'intérêt de ces mêmes travailleurs, par des associations particulières ; il nous reste maintenant, en tenant compte des mœurs françaises, ainsi que des habitudes et des besoins propres à notre race, à voir quelles sont les mesures légales qu'il serait souhaitable de voir prendre chez nous et ce que, en dehors de la loi, on pourrait utilement faire.

Tout d'abord, nous devons déclarer que nous ne sommes nullement partisans de supprimer, soit le travail à l'atelier, soit le travail en chambre. Les patrons de la mesure sont obligés, avons-nous dit, d'avoir constamment sous les yeux le travail qu'ils font exécuter pour pouvoir en diriger l'allure, il faut donc qu'ils aient des ateliers. D'un autre côté, bien des femmes sont forcées, à cause de leur famille, de rester chez elles, et on ne peut pas les empêcher de gagner leur vie et celle des leurs. Tant qu'on ne trouvera pas le moyen d'empêcher la femme de travailler en subvenant d'une façon quelconque à ses besoins, il y aura donc nécessité de ces deux sortes de travail. Comme nous ne voulons pas entreprendre une réforme sociale aussi considérable que celle de la suppression du travail féminin, nous devons accepter les deux genres de travail et nous contenter de chercher des remèdes à ce qu'ils ont de trop pénible pour l'ouvrière.

Certains des maux dont se plaignent les ouvrières sont inhérents à l'industrie du vêtement et s'appliquent aussi bien aux ouvrières d'atelier qu'aux ouvrières en chambre ; de ce nombre sont l'insuffisance des salaires et l'insalubilité des ateliers. D'autres maux sont particuliers à l'ouvrière d'atelier, comme l'immoralité des ateliers et les dangers de la gargote ; d'autres enfin sont particuliers aux ateliers en chambre, comme le travail exagéré imposé aux enfants en bas âge.

C'est dans cet ordre que nous allons indiquer les remèdes à apporter.

Nous avons cité, comme premier des maux dont souffre l'ouvrière, l'insuffisance des salaires. Nous avons déjà vu, au cours de cette étude, que la cause de cette insuffisance provenait surtout de la concurrence que se faisaient les ouvrières entre elles. Les demandes d'emploi sont tellement nombreuses, que les patrons n'ont qu'à choisir ; dans ces conditions, il n'est pas étonnant qu'ils ne songent pas à augmenter les salaires.

Pour les ouvrières d'atelier, nous avons vu que l'ouvrière isolée ayant besoin de son salaire pour vivre était concurrencée par la jeune fille vivant dans sa famille et dont le salaire n'est qu'un appoint venant s'ajouter aux recettes de la famille. Ce n'est, évidemment, pas le législateur qui peut empêcher cet état de choses ; tout ce qu'il pourrait faire, c'est de créer des écoles professionnelles où les jeunes filles pourraient apprendre des métiers plus lucratifs que ceux de l'aiguille. Mais, cela ne s'impose pas, il faut, pour arriver à un résultat appréciable, arriver à changer l'opinion. A l'heure actuelle, l'habitude est, dans les familles ouvrières où le salaire du père et des fils est suffisant pour assurer largement l'existence de la famille entière, d'envoyer les filles à l'atelier de couture. D'après le raisonnement de la mère, elle attendra là l'époque de son mariage et elle sera capable, en sortant de l'atelier, de s'occuper de l'habillement de son mari et du raccommodage de son linge. C'est d'abord une première erreur, car ce n'est pas en travaillant à des robes de 1 200 ou 1 500 francs que la jeune fille apprendra à repriser des bas ou à mettre des pièces à des bourgerons d'ouvrier. Ce que, en plus de cela, ne voit pas la mère de famille qui met sa fille à l'atelier, en dehors, bien entendu, des dangers moraux du métier, c'est que, au cas où elle perdrait son mari et ses parents et resterait avec des enfants en bas-âge, elle serait dans l'impossibilité, avec le métier qu'elle aura appris, de subvenir aux dépenses de sa maison. C'est là ce qu'il faudrait faire comprendre aux familles ouvrières chez qui, malheureusement, la prévoyance n'est pas une vertu fort connue. C'est par la voix de la presse et par des conférences faites dans les quartiers ouvriers, qu'on pourrait inculquer cette idée fondamentale, qu'il vaut mieux, au moment où la jeune fille vivant dans sa famille a l'existence assurée, l'envoyer à une école professionnelle où elle apprendra un métier qui, plus tard, en cas de besoin, pourra la faire vivre elle et les siens, que de l'envoyer à l'atelier de couture où elle n'apprendra qu'un métier qui jamais ne lui permettra de subvenir à ses besoins.

Les professions ouvertes aux femmes par la force des traditions et des mœurs ne sont pas très nombreuses, mais là même où elles peuvent être employées, c'est surtout à cause de leur inhabileté professionnelle qu'elles sont forcées de se restreindre aux ouvrages les plus rudimentaires. En rendant la femme plus habile, nous supprimerons dans bien des métiers, comme, par exemple, les industries artistiques, la peinture sur porcelaine, la gravure sur bois, la lithographie, les travaux de coloriage, la typographie, les travaux de comptabilité et le commerce en général, les différences qui existent entre hommes et femmes. Les traditions ont été conservées en se basant sur l'incapacité des femmes ; rendons-les aussi habiles que les hommes, nous supprimerons par cela même les traditions. L'Angleterre, du reste, nous donne à ce sujet d'excellents exemples. L'association anglaise, pour l'avancement des sciences sociales, s'est souvent préoccupée de la question de l'éducation et de l'emploi industriel des femmes. De plus, des sociétés privées, encouragées par elle, se sont créées dans ce but spécial. Ces sociétés sont, en général, de deux sortes : les « *Societies for promoting the employment of educated women* » s'occupent plus spécialement des femmes de la classe moyenne, et les « *Societies for promoting the industrial employment of women* » ont pour but de placer les ouvrières dans les différentes branches de l'industrie. Ces sociétés ont pris leur rôle fort au sérieux et leurs efforts tendent au relèvement de la condition des femmes.

Elles donnent aux jeunes filles l'enseignement professionnel de métiers lucratifs et s'occupent de les placer quand leurs connaissances du métier sont suffisantes. C'est ainsi que ces sociétés ont ouvert aux femmes les industries de la lithographie, de la gravure sur bois et de la typographie. De plus, le service des hôtels et restaurants devient de plus en plus en Angleterre un métier féminin. Dans les industries féminines, dont la direction était uniquement confiée à des hommes, on voit maintenant des directrices et des contre-maîtresses. Dans le commerce, également, on voit, grâce à ces sociétés, un plus grand nombre de vendeuses et de femmes occupées à la tenue des livres et de la caisse.

Ouvrir des professions nouvelles à la femme, grâce aux écoles professionnelles, voilà donc bien le remède à la concurrence effrénée des ouvrières d'atelier dans l'industrie du vêtement. En diminuant la concurrence, nous diminuons les offres de travail, et, dans ces conditions, les chefs d'ateliers, pour ne pas manquer d'ouvrières, seront forcés de rehausser les salaires.

Pour le travail en chambre, nous avons indiqué trois causes de concurrence pour l'ouvrière dont les travaux d'aiguille sont le seul gagne-pain. Nous avons parlé de la concurrence des femmes d'employés et même des femmes du monde et de celle des prisons et des ouvroirs.

Nous avons développé les causes des travaux faits pour le compte d'un entrepreneur par des femmes d'un milieu assez élevé et nous rappellerons seulement que c'est dans le but d'acheter un objet de toilette ou un bibelot que ces travaux sont effectués. Ils sont presque toujours destinés à une fantaisie, rarement à un besoin. Peu importe à ces ouvrières le prix payé, pourvu que le secret de leur travail soit gardé ; aussi l'entrepreneur les exploite-t-il odieusement. Il n'y aurait là que demi-mal, si les ouvrières qui travaillent pour vivre touchaient des salaires convenables ; mais il n'en est rien, car l'entrepreneur, trouvant à faire effectuer à moitié prix, ou même moins encore, une grande quantité de travaux, n'offrira que le même salaire à l'ouvrière de métier. Comme celle-ci n'aura pas les moyens d'attendre et qu'elle ne peut manger qu'à la condition de travailler, elle acceptera ce salaire de meurt-de-faim et restera courbée sur son ouvrage quinze ou dix-huit heures par jour pour arriver, par la quantité, à gagner de quoi faire vivre, misérablement, elle et ses enfants.

Dans ce cas, une mesure législative s'impose ; ce qu'il faudrait, c'est établir une liste de toutes les ouvrières travaillant chez elles pour le compte d'un entrepreneur ; de cette façon, les ouvrières, qu'un sentiment de fausse honte fait travailler en cachette, seraient forcées, ou bien de renoncer à tout travail, ou bien de voir figurer leur nom sur les listes et, des deux façons, cela serait un bien pour les ouvrières de métier, car, dans le premier cas, elles ne les concurrenceraient plus et, dans le second, ne travaillant plus en secret, elles pourraient débattre les prix avec les entrepreneurs et ne travailler que moyennant un salaire rémunérateur. Nous reviendrons, du reste, sur la nécessité de cette liste en nous occupant de l'hygiène des ateliers à domicile.

Pour les prisons et les ouvroirs, il nous faut entrer dans de plus grands détails, car nous n'avons fait, jusqu'ici, qu'indiquer le mal.

Il est, de toute nécessité, de faire travailler les prisonniers et cela, pour différentes raisons. La première et la plus importante est que, la peine n'étant que momentanée, il faut que le prisonnier, s'il a un métier, soit mis à même de ne pas l'oublier et de pouvoir le reprendre à sa sortie de prison. De là, le nombre considérable de métiers différents qu'on trouve dans les prisons. Malheureusement, au nombre des détenus, ce n'est pas la majorité qui connaît sérieusement un métier; la plupart des détenus sont des fainéants et des ivrognes qui n'ont jamais été capables de gagner leur vie honnêtement; à ceux-là, il est nécessaire d'apprendre un métier pour que, s'il y a encore quelques bons sentiments en eux, ils puissent, une fois leur peine finie, avoir le moyen de vivre autrement que par le vol. Mais, un métier ne s'apprend pas du jour au lendemain, et souvent les détenus ne sont condamnés que pour quelques mois; dans ces conditions, ce sont des métiers faciles qu'on leur apprendra; pour les hommes ce sera la chaussonnerie, la sparterie, la vannerie ou le rempaillage de chaises; pour les femmes, ce seront les travaux d'aiguille. Nous sommes d'avis qu'il serait utile, même pour les condamnés à de courtes peines, de les initier à des métiers pouvant leur être plus profitables à leur sortie de prison. L'agriculture manque de bras et il est à remarquer que, parmi les repris de justice, un grand nombre sont des paysans venus dans les grandes villes et qui, n'ayant pas trouvé d'ouvrage, sont tombés dans le vice. Pourquoi n'augmenterait-on pas le nombre des pénitenciers agricoles et ne formerait-on pas ainsi des charretiers et des servantes de ferme. L'exploitation de nos fermes-écoles coûte assez cher, ce serait peut-être encore là un moyen d'employer les prisonniers.

A l'heure actuelle, la plupart des femmes détenues sont occupées à des travaux d'aiguille, et, sans demander un changement total de ce métier, nous voudrions, tout au moins, le réglementer de façon à ce qu'il ne puisse concurrencer le travail extérieur. La main-d'œuvre ne coûte ici presque rien et le marché pour les articles de lingerie commune peut être influencé par cette production ; aussi voudrions-nous que le travail dans les prisons fût tourné du côté d'une autre production. En premier lieu, on pourrait faire confectionner, par les prisonnières, les effets destinés aux prisonniers des deux sexes, ensuite on pourrait les faire travailler à des effets d'équipement militaire ou au linge des hôpitaux. En les faisant travailler de cette façon et sans l'aide de machines, on ne gênerait pas la production des ouvrières à domicile, car tous ces objets sont fabriqués en gros dans des ateliers considérables qui ne s'apercevraient même pas de la faible quantité fournie par les prisons.

Une autre cause de concurrence réside, avons-nous dit, dans les ouvroirs. Ici la question est plus grave, car la concurrence est beaucoup plus grande que dans les prisons. L'église a été seule, pendant longtemps, à se consacrer à l'instruction. Cette mission lui ayant été retirée, beaucoup d'associations religieuses ont voulu faire œuvre utile en se consacrant à un autre genre d'enseignement, à l'enseignement professionnel. Des ouvroirs ont été créés qui sont devenus, pour les jeunes filles, des écoles d'apprentissage et de prière où on leur apprend à gagner dignement leur vie par le travail.

Les communautés de femmes sont en France au nombre de près de 300 et comprennent près de 100 000 membres, et si l'on calcule, en plus du travail effectué par les sœurs faisant partie de ces communautés, celui des jeunes filles internes ou externes des ouvroirs, on peut voir qu'on se trouve là en présence d'un facteur de production important dont il importe de bien diriger les efforts.

Nous sommes totalement éloignés de vouloir critiquer le but que ces saintes filles se proposent et qui est de sauvegarder les jeunes filles des dangers extérieurs en leur apprenant, à l'ouvroir, à aimer le travail ; ce que nous voudrions seulement, c'est que les directrices de ces maisons fussent bien convaincues que l'ouvrage effectué à l'ouvroir ne doit en aucun cas venir concurrencer le travail de l'ouvrière extérieure. Les travaux le plus habituellement exécutés dans les ouvroirs sont des travaux d'aiguille. M. Monnier, dans son livre sur « l'Organisation du travail manuel des jeunes filles », nous apprend que, sur 800 maisons qui relèvent en France de la communauté de Saint-Vincent-de-Paul, il y en a plus de 400 qui comptent des internats où les travaux d'aiguille sont presque toujours pratiqués. La plupart même de ces maisons sont de véritables ateliers d'apprentissage pour la couture. Telles sont, à Paris, la maison Eugène Napoléon et l'ouvroir de la maison Blanche, puis, en province, les ouvroirs de Beauvais, Saint-Malo, Langres, Saint-Brieuc, Lamballe, etc.

Mgr Menjaud, en fondant, en 1842, à Nancy, l'ouvroir des religieuses du Saint-Cœur-de-Marie, en a ainsi annoncé le but : « On ouvre assez de maisons pour ramener au bien les jeunes filles qui se sont égarées, je préfère en fonder une pour les conserver pures. On y réunira les divers apprentissages des ouvrages par lesquels elles peuvent gagner leur vie. »

Malheureusement les divers apprentissages se résument dans presque tous les ouvroirs dans le seul apprentissage de la couture ; de sorte qu'une œuvre, dont le but est excellent en soi, n'arrive qu'à former des ouvrières dont le gagne-pain est souvent illusoire. Nous le répétons, nous avons une profonde admiration pour ces saintes maisons, mais nous serions heureux de les voir orienter l'instruction professionnelle des jeunes filles vers un autre métier que celui de la couture, qui ne peut leur permettre de vivre d'une façon convenable. Ce que nous disions de la nécessité du développement des écoles professionnelles, pour éviter aux jeunes filles de s'engager dans le métier de la couture, trouve ici sa place. Pourquoi dans les ouvroirs ne pas donner l'instruction professionnelle des métiers que nous indiquions pour ces écoles. Certaines tentatives ont été faites, il est vrai ; on a créé des ateliers de brosserie et de reliure pour livres religieux ; puis, dans des ports de mer comme Dieppe, on a appris aux jeunes filles le raccommodage des filets de pêche, dans d'autres ouvroirs on a essayé de former des filles de ferme et des servantes, mais ce ne sont là que des tentatives isolées et il serait souhaitable qu'elles prissent une extension plus grande dans les autres métiers où la femme pourrait être employée.

Donc, à l'heure présente, le nombre des ouvroirs, où l'on s'occupe uniquement de couture, est considérable. La production correspond à peu près à celle des ateliers domestiques et l'on comprend que ce soit déjà une cause de concurrence pour l'ouvrière à domicile ; en plus de cela, il y a un véritable avilissement des prix.

Dans les ouvroirs, travailler est la loi, mais gagner n'est pas le but ; les frais généraux sont minimes et presque toujours couverts par les dons de personnes charitables, aussi le côté commercial est-il totalement négligé dans les travaux exécutés dans ces maisons. Les entrepreneurs pour le compte desquels s'effectue le travail en profitent pour ne payer qu'un prix de main-d'œuvre dérisoire et les ouvrières qui travaillent chez elles aux mêmes travaux sont forcées d'accepter également ce maigre salaire. Il est impossible que, de gaîté de cœur, les directrices des ouvroirs, qui pratiquent en toutes choses la charité chrétienne avec une telle élévation, viennent retirer leur gagne-pain à de malheureuses femmes dont c'est l'unique ressource. Si elles le font, c'est qu'elles ne peuvent pas penser que le salaire accepté par l'ouvroir devient forcément le salaire commun des autres ouvrières. Que, pour le bien commun, les maisons religieuses n'acceptent des entrepreneurs que des prix de façon raisonnables, elles feront par cela même œuvre d'équité ; s'il répugne à leur caractère de donner aux jeunes filles l'instruction professionnelle de métiers qui jusqu'ici ne sont pas considérés comme féminins, que tout au moins elles n'avilissent pas encore le métier qui, demain, sera celui des jeunes filles sorties de chez elles.

Voilà donc le remède aux bas salaires du vêtement ; diminuons le nombre d'ouvrières en leur apprenant d'autres métiers mieux rétribués et nous diminuerons la concurrence ; de là à l'augmentation des salaires il n'y a qu'un pas.

Nous avons cité comme mal commun à toutes les ouvrières l'insalubrité des ateliers. Pour les ateliers patronaux, nous avons expliqué que la trop grande cherté des loyers était la cause de l'exiguité et, partant, de l'insalubrité des ateliers ; mais, comme nous avons vu que certains ateliers, ne faisant ni plus ni moins d'affaires que les autres, étaient sous ce rapport dignes de tous éloges, nous ne voyons pas pourquoi le législateur n'imposerait pas un cube d'air réglementaire et des conditions particulières d'hygiène. Pour l'atelier domestique, c'est peut-être là qu'il y a encore plus à faire. Ce qu'il faudrait d'abord, c'est une liste de tous les ouvriers travaillant à domicile, fournie par les entrepreneurs qui les emploient. Pour tous les immeubles épouvantables au point de vue de l'hygiène et dont on ne hâte pas assez la démolition pour cause de sécurité publique, il y aurait lieu de faire de fréquentes inspections qui seraient facilitées par les listes des entrepreneurs. Quand un inspecteur reconnaîtrait qu'un travail est exécuté dans de mauvaises conditions d'hygiène, il devrait défendre aux entrepreneurs de donner de l'ouvrage à l'ouvrier ainsi désigné, on éviterait de la sorte la contagion de tant de maladies à qui les vêtements fabriqués à domicile servent de véhicule. Ce serait alors au service d'hygiène publique à prendre les mesures qu'il jugerait convenable et ce, aux frais du propriétaire de l'immeuble. On pourrait également exiger une étiquette, équivalente à celle de « tenement made », pour les articles fabriqués à domicile. De plus, l'Etat, dans ses marchés de fourniture de vêtements militaires ou d'administrations, pourrait, comme en Angleterre, exiger que la confection fût faite dans des ateliers patronaux.

Pour la question de chômage en cas de maladie et de retraite en cas de vieillesse, qui intéresse également toutes les ouvrières, nous ne saurions trop recommander les sociétés de secours mutuels et de prévoyance ; l'imposer par une mesure législative serait vexatoire.

Les loyers élevés gênent également toutes les ouvrières, mais là non plus il n'y a pas de mesure législative possible pour y remédier. Ce qu'il faut encourager, et cela par des primes, c'est la construction de maisons économiques où les ouvriers puissent trouver, pour un loyer modique, un logement convenable.

Enfin, ce qui, dans l'intérêt général, serait peut-être le plus utile, ce serait de développer, dans la classe ouvrière, cette idée que la solidarité est nécessaire pour obtenir gain de cause dans les luttes sociales.

L'ouvrière ne peut espérer un sort meilleur que du jour où elle s'unira à ses compagnes dans un but de défense des intérêts communs.

L'association professionnelle, voilà le remède pour bien des maux, mais là encore il ne peut y avoir de mesure législative. Le législateur a autorisé les syndicats, aux ouvrières de profiter de cette autorisation. Du jour où les ouvrières, oubliant leurs petites jalousies d'atelier à atelier et les mesquineries qui retardent tout progrès, s'uniront sincèrement, un grand pas sera fait pour la réglementation du travail. La réussite partielle de la grève de Berlin prouve que, même dans l'industrie domestique, on peut, grâce à une entente générale, obtenir de bons résultats.

Passons maintenant aux maux particuliers aux ouvrières d'atelier. En premier lieu, nous trouvons l'extrême inégalité du temps de travail. A des périodes de chômage absolu succèdent des périodes de travail exagéré. Ici encore le législateur est impuissant ; c'est des clientes et des premières que dépend le sort des ouvrières. Nous avons vu qu'il était de bon goût de ne commander une toilette que peu de temps avant d'en avoir besoin ; cette mode stupide a été facilitée par les premières qui prennent, pour plaire aux clientes, l'engagement de livrer le costume commandé à très bref délai, sans s'occuper de la somme de travail qu'il faudra demander aux ouvrières pour pouvoir tenir cet engagement. Ce qu'il faudrait ici, comme le dit M. Benoist dans ses *Ouvrières de l'Aiguille*, « c'est changer les mœurs. » La veillée, sur les dangers de laquelle nous nous sommes longuement étendus, est souvent rendue nécessaire par ces caprices des clientes ; à l'heure actuelle il paraîtrait impossible de supprimer la veillée. « Mais, comme ajoute M. Benoist, la suppression de la veillée qui ne dépend pas de la loi, dépend un peu de tout le monde ; tout le monde doit en être convaincu, le sort de la femme qui travaille est entre les mains de celle qui fait travailler. C'est par en haut qu'il faut commencer les réformes. La veillée est un très grand mal, et en elle-même et par ses suites presque fatales. Que les femmes qui font travailler n'attendent pas, pour faire leurs commandes, à la dernière minute : elles ne prolongeront pas de plusieurs heures la journée, déjà si pesante de l'ouvrière. Vous cherchez, Mesdames, une bonne œuvre à faire, voici la plus urgente de toutes. Faites aux ouvrières le sacrifice d'un caprice : vous leur ferez l'aumône de la santé. Tuez ce qui les tue : la veillée. Pour le chômage, qui en est la contre-partie, peut-être sera-t-il un peu atteint en même temps ; l'ouvrage restant le même se répartira mieux. » S'il paraît difficile de supprimer la veillée, rien, croyons-nous, ne s'opposerait à ce qu'elle fût réglementée.

La veillée est, chez nous, autorisée jusqu'à onze heures du soir pendant soixante jours par an, à la condition de ne jamais dépasser la journée légale de douze heures. Or, pourquoi permettre la veillée jusqu'à onze heures du soir quand il suffirait amplement de la tolérer jusqu'à dix heures. En effet, l'heure normale de l'entrée à l'atelier est huit heures du matin, avec l'heure accordée pour le déjeuner et le quart d'heure du goûter, cela donne jusqu'à onze heures du soir une présence à l'atelier et, malgré tout ce que l'on peut dire, un travail effectif de treize heures trois quarts. Pourquoi donner aux chefs d'ateliers la tentation de tourner la loi, alors qu'il serait si simple de ne permettre la veillée que jusqu'à dix heures et d'exiger un repos d'une heure pour le goûter, au lieu d'un quart d'heure ; de cette façon, il n'y aurait toujours, pour les patrons, que la possibilité de faire travailler leurs ouvrières douze heures. Cela ne veut pas dire que nous acceptions de gaîté de cœur la journée de douze heures pour la femme ; nous voudrions que ce ne fût là qu'une mesure absolument exceptionnelle et, à notre avis, le chiffre de soixante jours de veillée est trop élevé et devrait être diminué de moitié. Quant à la journée normale, nous pensons que neuf heures de travail seraient suffisantes ; cela permettrait, en maintenant l'entrée des ateliers à huit heures du matin, d'accorder aux ouvrières une heure et demie pour leur déjeuner, ce qui leur donnerait la facilité de rentrer chez elles et d'éviter ainsi les dangers de la gargote. La sortie aurait ainsi lieu à six heures et demie, ce qui donnerait à l'ouvrière le temps de préparer son dîner en rentrant. De cette façon on permettrait à beaucoup d'ouvrières qui, avec le régime actuel sont obligées de travailler chez elles, de fréquenter l'atelier. Si cette limitation à neuf heures de travail par jour paraissait vraiment impraticable, et cependant l'exemple de l'Angleterre semble prouver qu'elle ne l'est pas, nous voudrions qu'en aucun cas la journée légale ne dépassât dix heures.

Au point de vue moral, les deux grands périls du métier sont, avons-nous dit, la gargote et la promiscuité de l'atelier. Pour la gargote, nous avons vu qu'on avait tenté d'y remédier en établissant des restaurants réservés aux femmes où, grâce à des donateurs généreux, le confortable est joint au bon marché ; la tentative est des plus louables et nous ne saurions trop engager les ouvrières à en profiter. Cependant, ne pourrait-on, dans les grands ateliers surtout, trouver un autre remède? Pourquoi des ateliers qui emploient plusieurs centaines d'ouvrières n'auraient-ils pas des réfectoires où, comme dans les grands magasins, seraient nourries les ouvrières? Cela ne peut pas, évidemment, être imposé aux chefs d'ateliers, ce serait une mesure arbitraire, mais ne serait-ce pas, pour un patron charitable, une belle réforme à entreprendre ?

Quant à l'immoralité de l'atelier, c'est encore, dans une certaine mesure, au patron qu'incombe le soin de la combattre. La jeune ouvrière est sans cesse en butte aux plaisanteries d'ouvrières plus âgées ; il ne serait pas impossible, croyons-nous, avec un peu de surveillance et quelques amendes imposées à propos, d'éviter que l'atelier ne devînt une pépinière du vice.

Nous avons parlé, au cours de notre étude, des réformes possibles à apporter dans le service de l'inspection et le taux des amendes et de l'utilité du rétablissement du repos dominical ; aussi n'y reviendrons-nous pas ici et nous occuperons-nous, de suite, des maux particuliers au travail à domicile. En premier lieu, nous trouvons le travail exagéré imposé aux enfants, dès le plus jeune âge, par les parents. Comme nous avons admis, comme mesure d'hygiène, la visite de l'atelier domestique par les inspecteurs du travail, il suffirait d'étendre à ces ateliers, pour la protection de l'enfance, la législation des fabriques. Mais il serait alors nécessaire d'augmenter le nombre des inspecteurs pour assurer le bon fonctionnement du service. De plus, en exigeant que l'école fût obligatoire jusqu'à 13 ans, on arriverait également à y remédier, tout au moins pendant la journée; mais, pour cela, il faudrait commencer par créer de nouvelles écoles, puisque celles qui existent sont totalement insuffisantes. Il faudrait également remédier à ce qui constitue le « sweating system », c'est-à-dire aux prélèvements faits par les intermédiaires sur le salaire des ouvriers. Pour cela, il suffirait de supprimer ces intermédiaires en décidant, par une mesure législative, que le travail à faire doit être remis directement par l'entrepreneur à l'ouvrier en chambre.

Nous en avons ainsi fini avec notre étude et nous avons pu nous convaincre que, si la protection légale des travailleurs du vêtement est une excellente chose, dont l'extension est désirable, il n'en est pas moins vrai que le *self help* anglais. « Aide-toi, le ciel t'aidera », a du bon.

La collectivité doit venir en aide à l'opprimé et, dans les cas où la protection légale s'impose, nous n'hésitons pas à demander des réformes ; mais ce que nous voudrions, c'est que l'ouvrière, par ses propres efforts et par un groupement professionnel raisonné, arrivât à obtenir à l'amiable des réformes qui, imposées par la loi, auraient, dans bien des cas, un caractère arbitraire et vexatoire.

Puissent les ouvrières comprendre que leurs intérêts ne seront jamais mieux défendus que par elles-mêmes.

Quant à nous, si, dans une mesure, tant faible soit-elle, nous pouvions, par les exemples que nous avons cités et par nos modestes observations, servir à l'amélioration du triste sort des travailleurs du vêtement, nous serions satisfaits, car notre but serait atteint.

Vu, le doyen :
GLASSON.

Vu, par le Président de la thèse,
RAOUL JAY.

Vu et permis d'imprimer.

Le vice-Recteur de l'Académie de Paris,
GRÉARD.

BIBLIOGRAPHIE

André et Guibourg. Le Code Ouvrier. Chevalier-Maresq.

Barberet. — Monographies professionnelles. Berger-Levrault.

Benoist. — Les Ouvrières de l'aiguille. Chailley.

Boilley. — La Journée de huit heures.

Bonnevay. — Les Ouvrières lyonnaises travaillant à domicile. Guillaumin.

Caire César. — La Législation sur le travail industriel des femmes et des enfants.

Commission supérieure du travail. — Rapports sur le travail des enfants et des femmes.

Dalloz. — Supplément au Répertoire.

Depasse. — Du travail et de ses conditions. Alcan.

Dron. — Rapport de la commission du travail sur la proposition de loi adoptée par le Sénat concernant le travail des enfants, des filles mineures et des femmes dans l'Industrie. Motteroz.

Docteur Fauquet. — Essai sur le travail en chambre considéré au point de vue sanitaire. Paris, 1898.

Félix. — Les trois huit. Bruxelles, Moheu.

Garon de la Bévière. — Étude sur la législation des logements insalubres. Larose.

Comte d'Haussonville. — Socialisme et Charité.

— — Misères et Remèdes.

Laboulais. — Questions ouvrières. Dupont.

H. Lambrechts. — Le Travail des couturières en chambre et sa réglementation. Schepens.

Laurent. — Les logements insalubres. Guillaumin.

Layet. — Hygiène des professions et des industries. Bailley.

Le Roux. — Mes filles, qu'en ferons-nous ? Calmann-Lévy.

Leroy-Beaulieu. — Le Travail des femmes au XIXe siècle. Charpentier.

Levasnier. — Papiers de famille professionnelle. Rivière.

Levasseur. — L'ouvrier américain.

Mayr. — L'inspection des fabriques en Allemagne.

Musée Social. — Une grève dans l'industrie de la confection.

Nicolaï. — Salaires et budgets ouvriers en 1853 et 1891. Hayey.

Office du travail belge. — Le travail de nuit des ouvrières de l'industrie. Bruxelles. Schepens.

Office du travail français. — La Petite Industrie : Le Vêtement à Paris. Berger-Levrault.

Office du travail français. — Rapports annuels des Inspecteurs du travail.

Office du travail français. — Le placement des employés, ouvriers et domestiques en France, son histoire. Berger-Levrault.

Renou. — Le Chômage.

Rist. — La Journée de travail de l'ouvrier adulte. Larose.

Rochard (Dr Jules). — Questions d'hygiène sociale. Hachette.

Rochelin. — Les Assurances ouvrières. Guillaumin, 1896.

Schwiedland. — La Répression du travail en chambre. Larose.

De Seilhac. — Congrès de la législation du travail tenu à Bruxelles du 27 au 30 septembre 1897. Firmin Didot.

De Seilhac. — L'Industrie de la couture et de la confection à Paris. Fimin-Didot.

Jules Simon. — L'Ouvrière.

Van Overbegh. — Les Inspecteurs du travail dans les fabriques et les ateliers. Louvain Uippruyst.

De Vitis. — Le Roman de l'Ouvrière.

Weyl Claude. — La réglementation du travail des femmes dans l'industrie. Larose.

Worth Gaston. — La couture et la confection des vêtements de femme. Chaix.

Barry. — The Labour day. Aberdeen Avery.

Board of trade. — Employement of Women and Girls. Report by miss Collet on the Statistics. Londres, Spottiswood.

Board of trade. — Report on the Sweating system. Londres, Eyre.

Bulletin of Departement of Labor. — Washington.

Bulley et Miss Whitley. — Womens Work. Londres. Methuen.

Campbell. — Prisoners of Poverty. Boston. Roberts.

Dilke (Lady). — Trades Unionism for Women. Londres. Longmans.

Drùcksachen. — Der Kommission für Arbeiterstatistik. Vernemungen über die Verhältnisse in der Wäsche Konfection.

Drùcksachen. — Der Kommission für Arbeiterstatistik Bericht über dier Erhebùng betressend die Arbeitsverhältnisse in der Kleider ùnd Wäsche Konfection. Berlin, Heymans.

Dyhrenfùrth. — Die Haùsindùstriellen Arbeiterinnen in der Berliner Blùsen, Unterrock-Schürzen und Tricot Konfection. Leipzig, Dùncker.

Eaton. — Receipts and Expenditures of Cloakmakers en Chicago. New-York, Crowell.

Fabian Society. — Sweating System : its cause and remedy. Londres, Fabian Society.

F. W. Galton. — The tailoring Trade. Londres, Longmans.

Herzberg. — Das Schneidergewerbe in München, Stuttgart. Cotta.

Hicks. — Dressmakers and Tailoresses.

Irwin (Miss). — Home-Work Among Women. Glasgow.

Kelley. — The Sweating System. New-York, Kelley.

Lancet (The). — Special sanitary commission on Sweating System. Différents articles.

R. von Landmann. — Gewerbeordnung für das deutsche Reich.

Liverpool (The). — Womens industrial Council.

Massachusetts. — District Police. Reports inclusing the inspection Department and the detective Department. Boston, Wright.

National Union of Women Workers, rapport de la conférence de Glasgow. Glasgow, Malechose.

New-York (State of). — Factory Inspectors. Annual Report. Albany, J. Lyon.

Ohio (State of). — Inspection of Workshops. Annual Report. Columbus Wertbote.

Ohio (State of). — Inspection of workshops, factories and public buildings. Norwalk.

Olberg Oda. — Das Elend in der Haus-Industrie der Konfection. Leipzig, Brunow.

Pennsylvania (State of). — The Common wealth of Pennsylvania.

Reichstag. — Das Arbeiter-Elend in der Konfections-Industrie.

Report of the Chief inspector of Factories and Workshops.

Richter. — Lebenshaltung und sterblichkeil in den grossen Städten.

Royal commission on Labour. — Report and minutes of Evidences, 1893.

Stanley. — Club for Working Girls. Londres, Macmillan.

Stein (D^r Ph.). — Zùr Lage der Arbeiter im Schneider und Schùhmacher Gewerbe in Franckfùrt à M. Francfort. G. Knaùer.

Miss Sydney Webb. — Women and the factory Acts. Londres, Fabian.

J. Timm. — Das Sweating system in der deutschen Konfections-Industrie. Flensbùrg, Holzhänsser.

O. Weyer. — Die englische Fabrik-inspection. Tübingen. Laupp.

Wolff. — A defence against « Sweating System ». Londres, Rivington.

Womens industrial Council. — Second annual. Report 1895-96.

Wörishoffer (Dr F.). — Die Fraùen der Höheren Stände und die Arbeiterinnen. Ethische-Kùltùr, quatrième année, n° 9.

TABLE DES MATIÈRES

QUATRIÈME PARTIE

Saint-Amand (Cher). — Imprimerie DESTENAY, Bussière frères.

www.ingramcontent.com/pod-product-compliance
Ingram Content Group UK Ltd.
Pitfield, Milton Keynes, MK11 3LW, UK
UKHW021055220726
13924UKWH00005B/2108

9 782019 248086